AKAL/CLÁSICA 98

Maqueta: RAG

Motivo de cubierta: Relieve del trono de Darío I el Grande
en el Tesoro de Persépolis actualmente en el Museo Nacional de Irán en Teherán
[https://www.irannationalmuseum.ir/]

© De la edición y la traducción, respectivamente,
Manel García Sánchez y Carmen Sánchez-Mañas, 2025

© Ediciones Akal, S. A., 2025
Sector Foresta, 1
28760 Tres Cantos
Madrid - España
Tel.: 918 061 996
Fax: 918 044 028
www.akal.com

ISBN: 978-84-460-5620-1
Depósito legal: M-9-2025

Impreso en España

Ctesias de Cnido

HISTORIAS DE PERSIA
(Persiká)

Edición de Manel García Sánchez
y traducción de Carmen Sánchez-Mañas

ARGENTINA / ESPAÑA / MÉXICO

Índice

Ctesias de Cnido
HISTORIAS DE PERSIA

Introducción

1. CTESIAS DE CNIDO: UN MÉDICO GRIEGO EN LA CORTE DEL GRAN REY DE PERSIA

Hay autores de los que sabemos muy pocas cosas y de esas pocas cosas no estamos demasiado seguros de casi ninguna[1]. Ctesias de Cnido es uno de ellos, casi desconocida su trayectoria vital, y no poco desacreditada en la tradición y ya desde la antigüedad su fiabilidad como historiador, para unos por su propensión a sucumbir a lo imaginario y fantasioso (paradoxografía se llamó ese género en la antigüedad), en especial en sus *Indiká* o *Historias o Relaciones de la India*[2]; para otros, por compararlo injustamente con Heródoto o con Jenofonte[3]. Esta comparación fue hasta hace muy poco tiempo un lugar común desde el que desacreditar su relato de la historia de la Persia aqueménida (género conocido como *Persiká*)[4] o la historia del Imperio asirio[5], de Babilonia o del Imperio medo hasta la llegada de Ciro el Grande, por más que pudiese hacer valer la experiencia de su estancia en la corte del rey persa Artajerjes II, bajo la protección de la reina madre Parisátide[6]. La crítica contemporánea no se ha mostrado más condescendiente; ya Felix Jacoby definió su obra como una «historia de escándalos *(Skandalgeschichte)*» y, en general, ha sido visto como uno de los impulsores del orientalismo en los relatos sobre la Persia aqueménida[7].

---

[1] J. Auberger 2011.
[2] F. Jacoby 1922; R. Schmitt 1993; D. Lenfant 2004, *Notice.*
[3] R. Rollinger 2010.
[4] R. B. Stevenson 1997; D. Lenfant 2007.
[5] J. Boncquet 1990.
[6] M. Brosius 2011.
[7] F. Jacoby 1922; Th. Hentsch 1988; A. Tourraix 2000; P. Briant 2011.

Ctesias vivió en la segunda mitad del siglo V y las primeras décadas del siglo IV a.c. Cronológicamente se ubica su nacimiento aproximadamente o en el 451 o el 441 a.c., pero se desconoce la fecha de su muerte[8]. Como Heródoto, procedía de Caria, en la costa sudoeste de Asia Menor, un territorio perteneciente al Imperio aqueménida (550-330 a.c.). Como su abuelo y su padre, Ctesioco o Ctesiarco, fue médico de profesión. Por sus orígenes familiares pertenecía a la familia de los Asclepíadas, quienes decían descender del mismo Asclepio, y Cnido contaba también con una tradición afamada de médicos. Con tales credenciales, ejerció en la corte persa como médico personal de Artajerjes II, de su madre Parisátide y las mujeres e hijos de la familia del Gran Rey (Lenfant T1-20)[9]. No debe resultarnos, pues, sorprendente su condición, ya que fue habitual en la corte persa la presencia de médicos griegos o egipcios[10]. Algunos ejemplos sobresalientes son: el egipcio Udjahorresnet, con Cambises II, cuya estatuilla naófora se halla en el Vaticano; el griego Democedes, con Darío I (Hdt. 3.129-133); y el griego Apolónides de Cos, con Artajerjes I (Ctes. F14.34, 44). De su saber médico apenas tenemos noticias, salvo que curó una herida al Gran Rey en la batalla de Cunaxa (401 a.C.) –gracias a él conocemos el nombre del choque fratricida cerca de Babilonia–, cuando se enfrentó a su hermano y aspirante a usurpador al trono, Ciro el Joven[11].

Como fue habitual entre los médicos griegos, recordemos de nuevo a Democedes, Ctesias ejerció también como embajador del Gran Rey o de la Reina madre. En nombre de esta, visitó al mercenario lacedemonio Clearco, prisionero en una cárcel de Babilonia tras la derrota de Ciro el Joven en Cunaxa, uno de los diez mil que lucharon junto al joven príncipe persa, como el mismísimo Jenofonte, según nos narra en su *Anábasis* (1.8.27). Fue enviado por el Gran Rey como diplomático e intérprete por Artajerjes II en el 398 a.C. a Chipre, primero, para negociar con Évagoras y el ateniense Conón; a Esparta, después, como portador de un mensaje del monarca en un momento en que esta se había convertido en el poder hegemónico en Grecia y el Egeo, tras la Guerra del Peloponeso.

---

[8] M. Dorati 2011.
[9] B. Eck 1990; Ch. Tuplin 2004.
[10] J. Hofstetter 1978; B. Jacobs y R. Rollinger 2010; M. Brosius 2011.
[11] J. M. Bigwood 1983.

Quizás como prisionero de guerra pasó una larga estancia en la corte aqueménida, aproximadamente entre los años 404 y 398 a.c., año en el que probablemente fue liberado de su cautiverio dorado, aunque lo cierto es que no ha habido consenso a la hora de determinar si la estancia de nuestro historiador en la corte persa fue de siete o, siguiendo a Diodoro de Sicilia (2.32.4), de diecisiete años. La cronología de Diodoro es difícilmente aceptable, ya que sus *Persiká* finalizan en el 398/7 a.c., fecha a la que si le descontamos diecisiete años nos trasladaría hasta el 415 a.c., cuando todavía le restaban a Darío II diez años de reinado, cuyo mandato está muy poco representado en el texto de Ctesias. Ello ha llevado a parte de la crítica a interpretar esos diecisiete años como otra de las hipérboles que vertebran la retórica del de Cnido. Se ha propuesto la posibilidad de corregir los *heptakaidéka* de Diodoro por *hepta étê*, esto es, siete años[12].

A la incertidumbre sobre los años de cautiverio se suma la falta de unanimidad a la hora de determinar en qué batalla fue hecho prisionero. Así, Tzetzes (*Chil.* 1.84) insinúa que fue capturado como prisionero en la batalla fratricida de Cunaxa (401 a.c.), hecho poco probable porque todo parece indicar que en dicho enfrentamiento nuestro médico de Cnido ya formaba parte del séquito de Artajerjes II (Plut., *Art.* 11.3; 14.1; Xen., *An.* 1.8.27). Hay quien ha propuesto que fue hecho prisionero en la batalla de Egospótamos (405 a.C.). Según una tercera posibilidad, habría sido capturado en el 404 a.c., cuando en las postrimerías del reinado de Darío II, y llamados a Sardes sus dos hijos –Arsaces, el futuro Artajerjes II, y Ciro el Joven–, el segundo fue acusado de alta traición y vio salvada su vida gracias a la intercesión de su madre, la reina madre Parisátide. Dicha opción obliga de nuevo a reducir los diecisiete años a siete. Finalmente, una solución de compromiso sería la de decantarse porque fuera prisionero de guerra quizás desde el 413 a.C., que estuviera presente en la batalla de Cunaxa y que permaneciera diecisiete años en la corte de Artajerjes II[13].

Tras su liberación en el 398 a.C. abandonaría la corte (Diod. Sic. 14.46) y dedicaría el resto de sus días, quizás desde un reti-

---

    [12] C. Müller 1844, p. 2; J. P. Stronk 2010, pp. 8-11.
    [13] S. Brown Truesdell 1978, p. 8-10; J. M. Bigwood 1980; J.-M. Alonso-Núñez 1996, p. 327. Un resumen de la polémica en D. Lenfant 2004, pp. VII-XXII; J. Wiesehöfer 2011.

ro dorado en Cnido por los servicios prestados, a la composición de sus *Persiká* o *Historias de Persia,* finalizada hacia el 390 a.c., así como a un tratado etnográfico *Sobre los tributos de Asia* (Lenfant F53-54), conservado a través de muy pocos fragmentos, sobre los productos enviados al Gran Rey desde todos los rincones del imperio y quizás inspirado por los relieves de los pueblos portadores de Persépolis. También escribió unas *Historias o Relaciones de la India* o *Indiká* (Lenfant F46-52)[14], en la que por su imaginación fantasiosa comprometió su reputación como historiador ya desde la antigüedad. Finalmente se han conservado fragmentos de *Períodos, Periégesis y Periplos,* fragmentos sobre medicina, una dudosa obra *Sobre las montañas* y otra *Sobre los ríos,* así como algún que otro fragmento de procedencia incierta (Lenfant F55-76).

Sea o no sea Ctesias un autor fiable sobre la historia del Imperio persa –tampoco lo son Heródoto o Jenofonte no pocas veces–[15], lo cierto es que sus *Historias de Persia* son el relato privilegiado de un historiador que seguro recorrió junto a la corte el Imperio aqueménida y que contó con la oportunidad impagable de recopilar datos de primera mano en su larga estancia persa como médico personal de Artajerjes II y Parisátide, viajando por las principales ciudades y capitales del imperio como Susa, Ecbatana, Persépolis o Babilonia. Es verdad que ha sido acusado de escribir la historia del Imperio aqueménida mirando a través del ojo de la cerradura del harén, pero no porque su relato esté teñido de orientalismo, de conjuras de harén, o de molicie y lujo oriental, es menos interesante para nosotros, ya que gracias a obras como las de Ctesias podemos conocer también cómo los griegos se representaron a la barbarie asiática, a la alteridad persa[16].

Concedamos a los críticos, si se quiere, que Ctesias no fue un verdadero historiador sino un falsario. Rebatamos, sin embargo, a los escépticos sobre su fiabilidad como historiador que las fic-

---

[14] Hay una edición bilingüe a cargo de J. A. Álvarez-Pedrosa Núñez (2018) y una traducción de F. J. Gómez Espelosín (1996, pp. 11-36). Una excelente edición con comentario es la de A. Nichols 2011. Sobre la India en la literatura griega, M. Albadalejo Vivero 2005.
[15] D. Lenfant 1996.
[16] Ch. Tuplin 1996; M. García Sánchez 2009; D. Lenfant 2011. Una introducción a la historia de Persia aqueménida, L. Llewellyn-Jones 2024. Un estado de la cuestión completísimo en B. Jacobs y R. Rollinger 2010.

ciones y las falsedades forman también parte de la historia junto a los hechos y las verdades, como diría Nietzsche, porque al fin y al cabo eso que llamamos verdad no es más que un compendio de *ficta* y *facta,* y las ficciones, también el contenido de la forma, nos revelan –y no poco– sobre cómo los griegos representaron la alteridad persa y, por oposición, se vieron a sí mismos.

2. TÍTULO DE LA OBRA: *PERSIKÁ* O *HISTORIAS DE PERSIA*

Las *Historias de Persia* de Ctesias de Cnido han llegado a nuestros días fragmentariamente (volveremos sobre ello en el apartado 4 de esta introducción). La obra tenía una longitud considerable, veintitrés libros (pensemos en los nueve de las *Historias* Heródoto), extensión que seguro jugó en su contra a la hora de ser copiada a lo largo del tiempo por copistas y filólogos.

Uno de los rasgos específicos más sobresalientes de la historia del Imperio aqueménida y del conflicto greco-persa es que, en relación a las fuentes, somos feudatarios de los autores clásicos, inexactos muchas veces, pero irremplazables dada la pérdida de aquellos *Anales* reales (βασιλικαὶ ἀναγραφαί o βασιλικαὶ διφθέραι) en los que, según Ctesias (*FGrHist.* 688, F 1b, 22; F 5, 32, 4), Diodoro de Sicilia (2.32.4), el *Libro de Ester* (6.1) o la *Historia de Armenia* de Moisés de Corene (1.21), los reyes persas aqueménidas fijaron su pasado, aquellos mismos a los que se refería Luciano de Samósata (*Macr.* 14).

Frente al enorme caudal de información procedente de los textos clásicos sobre los persas aqueménidas –desde Ciro el Grande, el fundador del imperio, hasta Darío III Codomano, el último monarca aqueménida vencido por Alejandro Magno–, nos hemos de conformar con un conjunto de fuentes del Próximo Oriente o Egipto mucho menos elocuentes y narrativas, más sintéticas y estereotipadas, a menudo tan solo de carácter político o económico, aunque insustituibles y de una riqueza incuestionable: inscripciones reales grabadas en monumentos erigidos a la mayor gloria de un soberano, como la imponente *Inscripción de Behistún* o la no menos espectacular de la tumba de Naqš-i Rustam, ambas de Darío I; el cilindro babilónico de Ciro el Grande; los espléndidos relieves de Persépolis; la cultura material (monedas, vasos cerámicos, glíptica, joyería, etc.); textos demóticos procedentes de Egipto, papiros en arameo –una de las lenguas oficiales, junto al acadio, el elamita o el persa antiguo de la cancillería imperial–; las tablillas administrativas en elamita de Persépolis; los archivos en acadio de la casa babilónica de negocios de los Murašū; algunos textos bíblicos como los libros de *Isaías,* de *Ezequiel,* de *Daniel,* de *Nehemías,* de *Esdras,* de *Judit* o de *Ester,* que nos proporcionan información sobre el dominio persa de Judea; y el libro sagrado de la religión de Zoroastro, el *Avesta,* que arrastra consigo en el largo período de su composición algún controvertido sedimento de época aqueménida[17].

Su utilidad radica para nosotros en que nos permiten contrastar en múltiples casos la fiabilidad de la imagen que del Gran Rey y, por extensión, de la alteridad persa se forjaron los griegos. El abuso de la deformación, de la inversión, de la reprobación de las costumbres de la alteridad, que colorean la narración de las fuentes clásicas, fueron sin duda un mecanismo de defensa psicológico y de exaltación de la conciencia de pertenencia a una civilización, la griega, superior a la exótica barbarie asiática, y su influjo ha sido tan grande sobre la historiografía occidental que la helenofilia y el helenocentrismo han sido dos males metodológicos también de larga duración, tanto para escribir una historia del Imperio aqueménida, tan solo a partir de lugares de memoria como Maratón o Salamina, como para desacreditar a la vez a autores como Ctesias por su condición de falsarios o fantasiosos[18].

Los pioneros en la elección como tema de sus obras de Persia y de su Gran Rey fueron los logógrafos jonios de los siglos VI y V a.C., esto es, los primeros escritores de prosa griega –conservados solo fragmentariamente– y autores de breves relatos sobre geografía, etnografía e historia de los pueblos componentes del Imperio aqueménida. Estos autores, por cierto, eran muchas veces súbditos del Gran Rey, pues ya por aquel entonces Jonia formaba parte de la satrapía persa con capital en Sardes. Entre ellos sobresalen los nombres de Hecateo de Mileto, autor de una *Periégesis* en la que relataba las costumbres y el modo de vida de los pueblos del Imperio persa; Caronte de Lámpsaco, el primer autor que narró las guerras greco-persas, así como Helá-

---

[17] A. De Jong 2010.
[18] M. García Sánchez 2009; I. Madreiter 2012, pp. 22-133; J. Morgan 2016; R. Bichler 2021.

nico de Mitilene y Dionisio de Mileto, autores también de *Per-siká (Historias o Relatos sobre Persia)*, que podríamos calificar como obras etno-geográficas sobre el Imperio aqueménida. Asimismo, otro minorasiático, Janto de Lidia, escribió unos *Magiká (Historia o Relatos sobre los magos)* en los que se ocupaba de la religión de los persas: el mazdeísmo. Todos ellos constituyeron seguramente las fuentes de la más importante obra sobre el choque greco-persa conservada, a saber: las *Historias* de Heródoto de Halicarnaso, en cierta manera también un autor de *Persiká,* al menos en los libros primero y tercero de su obra[19]. En esa Jonia de encrucijada, de ricos y populosos mercados, de intersección de ideas, de costumbres y de mercancías nació la historia como ciencia, como arte, como género literario, en el siglo V a.C., pero con una vitalidad inusitada durante todo el IV a.C., hasta la conquista del bárbaro persa por las falanges de Alejandro.

Las relaciones greco-persas, hasta la llegada de Ctesias, estuvieron marcadas por la Revuelta Jónica (499-494 a.C.), las Guerras Médicas (490-479 a.C.), la paz de Calias (449 a.C.), el papel jugado por Persia en el desenlace de las Guerras del Peloponeso (431-404 a.C.) o la marcha de los diez mil junto a Ciro el Joven en Cunaxa (401 a.C.). Los autores griegos iban a enhebrar un discurso sobre la alteridad aqueménida que cauterizase la angustia, un mecanismo de defensa sin duda para sobrellevar, mal que bien, que el Gran Rey de Persia arbitrase –mejor, decidiera– los asuntos griegos, imponiendo, a veces, un ignominioso, pero no tan lesivo, yugo sobre el prurito apologista de la libertad helénica. Formar parte del Imperio aqueménida era quizás una humillación identitaria, pero lo cierto es que, para las ciudades griegas de Jonia, resultó sumamente beneficioso desde un punto de vista económico (pensemos en la Ruta de la seda) formar parte de un imperio que se extendía desde el río Indo al Mediterráneo o desde Egipto a las estepas de Asia central.

Lo cierto es que la expansión del Imperio aqueménida hasta el Mediterráneo puso en contacto a los autores griegos con un mundo maravilloso y desconocido, por no hablar de una red viaria de calzadas reales que facilitó que los griegos al servicio del Gran Rey pudiesen moverse de oeste a este y alcanzar aquellas regiones limítrofes desconocidas de prodigios y maravi-

---

[19] M. García Sánchez 2025 (en prensa).

llas[20]. La hasta entonces fabulación de los poetas se vio enrique-
cida con un caudal de datos facilitados por la observación
directa de Oriente, de Asia, convirtiéndose en algo habitual la
presencia de intrépidos viajeros griegos o helenizados, como el
cario Escílax de Carianda, que sirvieron en la corte del Gran
Rey como mercenarios o, como Ctesias, como médicos. No menos relevante sobre el grado de tolerancia de aquel imperio
multiétnico y multicultural (hecho que desmiente el supuesto
despotismo asiático que domina en las fuentes clásicas e, incluso, contemporáneas hasta hace muy poco tiempo) es que el Imperio aqueménida se convirtió en el destino preferente para un
exilio dorado de los grandes enemigos del imperio, maltratados
con la ingratitud en su propia tierra, como el ateniense Temístocles o el espartano Pausanias, vencedores respectivamente frente a los persas en Salamina (480 a.C.) y Platea (479 a.C.).

Ctesias de Cnido no fue el primero ni el último autor de
Persiká[21]. Dionisio de Mileto, Caronte de Lámpsaco, Helánico
de Lesbos, Ctesias de Cnido, Heraclides de Cumas, Dinón de
Colofón o los libros primero y tercero de las *Historias* de Heródoto contribuyeron a que se viera cumplido el fin que impulsó
la obra del historiador de Halicarnaso, a saber, evitar que con el
tiempo se olvidase el choque greco-persa (Hdt. 1, Proemio).
Todos estos autores de *Persiká* provenían de Asia, de territorio
bajo control persa, de aquel mundo oriental dominado por los
Aqueménidas, tierra, decíamos, de prodigios y maravillas, de
molicie (μαλακία), de lujo (τρυφή) y de exceso y delicada opu-
lencia (ἀβροσύνη). Muchos de ellos, como nuestro Ctesias, re-
correrían el espacio imperial y vivirían la experiencia directa
(αὐτοψία) del contacto con el enemigo de frontera. No es que
con ellos se agotase la inquietud por Oriente, por Persia: ahí
están los Historiadores de Alejandro, Megástenes, o la *Vida de
Apolonio de Tiana* de Filóstrato, para desmentirlo con la representación de la India; pero sí que fueron ellos los autores que
crearon un género etno-geográfico, el de los *Persiká,* concebido
como una obra autónoma e independiente. Evidentemente, si
leemos a Jenofonte, a Quinto Curcio, a Plutarco, a Pseudo-Ca-
lístenes, a Arriano de Nicomedia o a Caritón de Afrodisias tro-
pezamos con un rico manantial de datos sobre los persas aque-

---

[20] J. Velázquez Muñoz 2016.
[21] D. Lenfant 2009; I. Madreiter 2012.

ménidas. Sin embargo, su interés ya no era –o al menos no tan solo– etno-geográfico, sino que el caudal de informaciones que nos proporcionan son el decorado en el que se narran las hazañas de grandes hombres, de los héroes que forjan la historia, de vencedores y vencidos, o, en el caso de la novela, un espacio de aventuras que ponía a prueba la fidelidad de los jóvenes enamorados. El hechizo oriental fascinó a otros autores tardíos como Ateneo de Náucratis, Diodoro de Sicilia, Estrabón y también a Focio, patriarca bizantino del siglo IX, que reseñó lo más florido de la prosa griega en su enciclopédica *Biblioteca,* incluyendo los *Persiká* de Ctesias.

Es más que probable que el autor que inauguró el género de los *Persiká* fuera Dionisio de Mileto (*FGrHist.* 687), un autor enigmático en lo que respecta a su vida, contemporáneo de Hecateo y que vivió bajo el reinado de Darío I (521/0-486/5 a.C.)[22]. A Dionisio de Mileto se le atribuye también un tratado independiente titulado Τὰ μετὰ Δαρεῖον, para algunos un mero título tardío para sus *Persiká*[23].

En la línea de los *Persiká* se hallarían los *Lydiaká* (*FGrHist.* 765), del lidio Janto de Sardes (*fl.* VI-V a.C.). Para nosotros son importantes sus *Magiká,* ya que fue el primer autor que escribió en griego sobre la religión persa, cuyos santuarios salpicarían el territorio de Lidia (Paus. 5.27.5), una de las satrapías más importantes del Imperio aqueménida. En su obra ocuparía un lugar destacado uno de los motivos que, como veremos en Ctesias, adornaron los relatos sobre Oriente: el extraordinario papel de las mujeres[24] y la inclusión de lo maravilloso.

Como en el caso de Dionisio de Mileto, de Caronte de Lámpsaco (*FGrHist.* 687a) solo disponemos de una breve mención de la Suda (Sud., *s.v.*) relativa a su vida y producción literaria. El léxico bizantino lo sitúa bajo el reinado de Darío I (500-464/3 a.C.) y le atribuye unos *Persiká* en dos libros. Lo verdaderamente relevante es que nos hallamos de nuevo frente a un autor que vivió justo en los años de las Guerras Médicas. Sin embargo, lo cierto es que tan solo contamos con seis modestos fragmentos, de los cuales solo uno es de atribución segura a sus *Persiká*[25].

---

[22] M. Moggi 1972; D. Lenfant 2009.
[23] M. Moggi 1972, p. 440; R. Drews 1973, p. 22.
[24] H. Sancisi-Weerdenburg 1983; J. Auberger 1993; M. Brosius 1996; M. García Sánchez 2009, pp. 177-218; B. Truschnegg 2011.
[25] M. Moggi 1977; L. Piccirilli 1975.

La fortuna ha sido más generosa con la conservación de los fragmentos de Helánico de Lesbos, aunque tampoco sabemos mucho de este autor nacido en Mitilene de Lesbos, que habría vivido en un momento comprendido entre el 480/79 a.c. y 395/4 a.c. Son importantes para nosotros sus *Persiká* y un compendio titulado *Costumbres bárbaras*. Sus obras etnográficas se centrarían en aquellos pueblos que despertaron la curiosidad de los griegos (persas, escitas, lidios o egipcios), ofreciéndose de cada uno de ellos una descripción de su geografía, costumbres, leyendas e historia reciente. No olvidemos que un lugar común de la etno-geografía griega fue el interés paradoxográfico, siendo Helánico de Lesbos una de las fuentes más utilizadas por tratadistas posteriores del género. En sus *Persiká* habría narrado la historia del país utilizando una ordenación que seguía la lista de sus Grandes Reyes, centrándose también en el pasado mítico, especialmente a través de la figura del héroe epónimo Perseo, de Andrómeda y del hijo de ambos, Perses; una manera muy griega de apropiación cultural el vincular a personajes del mito como epónimos de los pueblos vecinos o lejanos.

Saltemos en el tiempo antes de centrarnos en Ctesias de Cnido. Si pasamos a los últimos autores de *Persiká,* no es tampoco demasiado ni lo que podemos decir de ellos ni lo que podemos leer de sus obras. Heraclides de Cumas (*FGrHist.* 689) vivió hacia el 350 a.c. y prestó una gran atención al tópico más ubicuo en la representación de la alteridad persa en el imaginario griego, a saber, el papel de la mujer en la corte aqueménida, tanto en lo relativo a la presencia de mujeres –esposas y concubinas– en los banquetes del Gran Rey, como al gran número de concubinas –trescientas– y el extenuante comercio sexual que el monarca mantenía con ellas todas las noches del año, o los enlaces incestuosos de Artajerjes II con sus hijas Atosa y Amestris. Un extenso fragmento que nos ha conservado Ateneo de Náucratis recoge otro de los clichés orientalistas de las fuentes griegas: el apetito pantagruélico de los soberanos persas en banquetes en los que se sacrificaban al día mil animales para la mesa del rey[26].

Por lo que respecta a Dinón de Colofón (*FGrHist.* 690), sabemos que vivió durante el siglo IV a.C. (*ca.* 360/30 a.C.), que fue padre de Clitarco, el historiador de Alejandro, y que escri-

---

[26] P. Briant 1989b; H. Sancisi-Weerdenburg 1995.

bió unos *Persiká,* aunque, como en el caso de Ctesias, no se ha librado tampoco de la mala fama de falsificador y comparte con él la voluntad de resaltar un marcado acento dramático en su historiografía. Plutarco se valió en su *Vida de Artajerjes* de los *Persiká* de Dinón[27].

La tradición de los tratados de *Persiká* continuó a lo largo de la antigüedad, una vez ya desaparecido el Imperio aqueménida. Así lo corroboran nombres como el de Hermesianacte de Colofón (*FGrHist.* 691) (*ca.* 300 a.c.) Diógenes (*FGrHist.* 692) (s. III a.c. ?), Diocles (s. III a.c. ?), Bato de Sínope (*FGrHist.* 268; 2/2 s. III a.c.), Critón de Pieriote (*FGrHist.* 693; s. II) o Farnuco de Nísibis (*FGrHist.* 694; s. I a.c.-I d.C.), poco más que meros nombres.

Volvamos ahora sobre Ctesias, nuestro autor de las *Historias de Persia,* considerado desde la antigüedad –ahí están para certificarlo Aristóteles, Estrabón, Plutarco, Arriano, Luciano o Aulo Gelio– hasta nuestros días como un autor poco fiable, el árbitro de la fabulación y la mentira, o sencillamente un falsario, por más que según Diodoro de Sicilia (2.32.4) hubiese gozado del privilegio como historiador de poder consultar los anales reales[28]. Fuera su fiabilidad valorada positivamente o no, lo cierto es que Aulo Gelio (9.4.5), en el siglo II de nuestra era, todavía tuvo entre sus manos un ejemplar de la obra de Ctesias en un mercado de libros de Bríndisi (Lenfant T19). Otra prueba irrefutable del interés suscitado por sus *Persiká* es el hecho de que el patriarca Focio no solo todavía la leyó en el siglo IX en su integridad, sino que la consideró digna de excerpta[29].

Pero no es menos cierto que, triste y excesivamente dependiente del juicio de Plutarco, que se valió del médico de Cnido en su *Vida de Artajerjes*[30], Ctesias no se ha librado de la sospecha de que sus *Historias de Persia* estén urdidas a partes iguales de fantasía, falsedades y exotismo. Algunos autores han recon-

---

[27] B. Binder 2008, pp. 64-64; D. Lenfant 2009.
[28] M. Dorati 1995; J. Auberger 1995. Un resumen respecto a la polémica sobre el uso por parte de Ctesias de dichas fuentes se puede encontrar en B. Eck (1990, p. 411), para quien serían unos anales imaginarios y Ctesias tan solo habría recogido informaciones orales de los λογιώτατοι ἄνδρες locales (Diod. Sic. 2.4.3). A. Momigliano (1931) creyó que Ctesias bebió en Heródoto y en una tradición oriental. Un resumen actualizado en Lenfant 2004, pp. XXXVI-XXXIX.
[29] G. Goossens 1950.
[30] B. Binder 2008, pp. 52-60; B. Binder 2011; E. Almagor 2018, pp. 34-133.

siderado este juicio, ya que algunas fuentes orientales lo han desmentido en parte, en concreto algunas de las tablillas de Persépolis, los archivos de la casa de negocios babilónica de los Murašū[31] o la titulación y la onomástica medo-persa[32], puesto que en sus obras emerge otra tradición sobre bastantes puntos capitales de la historia aqueménida e, incluso, sus exageraciones, su ambiente oriental de conjura de harén, de crueles princesas, odaliscas y eunucos facinerosos revela también una manera muy griega –muy clásica y occidental– de representar la alteridad y la decadencia persa[33]. Recientemente, se ha defendido que habría que buscar el origen de dicha imagen, dominante en la historiografía del siglo IV a.C., en el reinado de Artajerjes II, que habría sido presentado por Ciro el Joven a los mercenarios griegos como un monarca débil, opuesto a su persona como príncipe ideal. Algo de ello hay en la obra de Ctesias, en especial en el rol que asigna a las mujeres entre las bambalinas de las conjuras del harén[34].

3. ESTRUCTURA, CONTENIDO GENERAL Y FUENTES

Según nos ha transmitido Focio (Lenfant T8), las *Historias de Persia* de Ctesias estaban estructuradas originariamente en 23 libros, desde el Imperio asirio hasta el octavo año del reinado de Artajeres II, siguiendo el esquema de una sucesión de imperios. La división era, pues, tripartita, aunque asimétrica en extensión: primero la historia del Imperio asirio (*Assyriaká*, libros I-III)[35], libros extensamente resumidos por Diodoro de Sicilia; después la del medo (*Mediká*, libros IV-VI)[36]; y, finalmente, la del Imperio persa aqueménida (*Persiká*, libros VII-XXIII, quizás también una parte del VI), libros epitomizados por Focio. Ninguna de las tres partes se libró de ese ambiente

---

[31] D. M. Lewis 1977; M. W. Stolper 1985; M. A. Dandamaev 1989.
[32] G. Cardascia 1951; J. M. Bigwood 1978a, p. 32.
[33] H. Sancisi-Weerdenburg 1987; P. Briant 1989a; L. Llewellyn-Jones 2002; P. Pirngruber 2011.
[34] D. Lenfant 2001/2, p. 432 cree, sin embargo, que el conjunto de las *Historias de Persia* escaparía a ese cliché de la Persia decadente dominante en los autores del siglo IV a.C. (M. García Sánchez 2018).
[35] G. B. Lanfranchi 2011.
[36] R. Rollinger 2011.

de orientalismo que acostumbra a impregnar los tratados de
Persiká. Así se aprecia, por poner algunos ejemplos, en la nove-
lita sobre Nino y Semíramis, en los avatares de la hegemonía
meda o en el papel intrigante de Parisátide en el conflicto fratri-
cida entre sus dos hijos Artajerjes II y Ciro el Joven.
Dominique Lenfant, sin duda la mejor especialista sobre
Ctesias, ha estructurado las grandes líneas de las *Historias de
Persia* como sigue[37]:

Historia del Imperio asirio (F1-4)
  – Asiria conquistadora bajo el reino de Nino, después Se-
    míramis: fundación del imperio y grandes expediciones
    militares y política edilicia. Fundación de Babilonia.
  – Decadencia de Asiria: de Ninias a Sardanápalo. Captu-
    ra de Nínive y final del Imperio asirio.

Historia del Imperio medo (F5-8c*)
  – Sucesión de reyes desde Arbaces a Astiages, guerras
    contra sacas y cadusios, historias de venganza y amor.

Historia del Imperio persa (F8d*-44b)
  – Reinado de Ciro (550/49-530 a.C.): ascensión al trono,
    rebelión contra Astiages, campañas militares, conquis-
    ta de Lidia y captura de Creso (548/7 a.C.) y muerte
    del soberano.
  – Reinado de Cambises (530-522 a.C.): conquista de
    Egipto, muerte de su hermano y sustitución por el
    mago, muerte del soberano.
  – Usurpación del mago (522 a.C.)
  – Reinado de Darío I (522-486 a.C.): ascenso al poder,
    construcción de su tumba, campaña contras los escitas
    (513 a.C.), Primera Guerra Médica y derrota en Mara-
    tón (490 a.C.).
  – Reinado de Jerjes (486-465 a.C.): Segunda Guerra
    Médica, victoria en Termópilas (480 a.C.) y derrotas
    en Salamina (480 a.C.) y Platea (479 a.C.) y asesinato
    del rey.

---

[37] Adaptado a partir de D. Lenfant 2004, pp. 371-384; D. Lenfant 2011,
p. 97; J. Auberger 1991, pp. 11-12; L. Llewellyn-Jones 2010, pp. 88-90; J. P.
Stronk 2010, pp. 153-190 y S. Micunco 2010, pp. 13-14.

- Reinado de Artajerjes I (465-424 a.C.): revueltas en Bactria, Egipto (rebelión de Inaro: 464-454 a.C.)[38] y Siria.
- Crisis sucesoria: reinado efímero y muerte de Jerjes II (424 a.C.), ascenso de Secindiano (424 a.C.).
- Reinado de Darío II (424-404 a.C.): ascenso al trono de Oco como Darío II, asesinato de Secindiano, rebeliones y complots.
- Reinado de Artajerjes II (404-359/8 a.C.): intrigas cortesanas, rebelión de Ciro el Joven (batalla de Cunaxa, 401 a.C.), negociaciones entre Evágoras de Chipre, Conón y el Gran Rey con la mediación de Ctesias.

Hay, no obstante, una desproporción en el espacio que Ctesias dedicó en sus *Historias de Persia* a cada soberano aqueménida, con algunas elecciones realmente incomprensibles: casi cinco libros a Ciro (parte del VI y hasta el XI, 550-529 a.C.); sorprendentemente solo dos a Cambises, la usurpación del mago Esfendadates (el Esmerdis herodoteo), a Darío I y Jerjes (libros XII-XIII, 529-465 a.C.), sin duda la época más importante del imperio desde su fundación; cuatro a Artajerjes I (libros XIV-XVII, 465-424 a.C.); un libro a Jerjes II, Secindiano/Sogdiano y Darío II (libro XVIII, 424-404 a.C.); y cinco libros a Artajerjes II (libros XIX-XXIII, hasta el 398/397 a.C.).

El contenido de la obra alcanza niveles de detalle encomiables y tras su lectura se descubre la intencionalidad de un historiador griego interesado en dar a conocer los entresijos de la corte aqueménida. Es cierto que a veces el precio es un cierto abuso del colorismo oriental, del relato real en donde lo novelesco y lo histórico se mezclan desdibujando lo que pudo haber sucedido verdaderamente, pero ello no es solo un vicio de Ctesias, sino una tendencia habitual en la representación del Imperio aqueménida en los autores del siglo IV a.C.[39].

No es menos cierto que, desde el punto de vista narrativo, Ctesias fue un maestro del tratamiento verosímil de lo paradoxográfico, de la retórica de lo maravilloso, de los prodigios, consiguiendo así satisfacer un horizonte de expectativas anhelante de relatos sobre portentos y maravillas, conjuras de harén

---

[38] J. M. Bigwood 1976.
[39] M. García Sánchez 2018; J. Morgan 2016.

y crónicas sentimentales[40]. Quizás habría que ver en Ctesias, junto con Jenofonte, a uno de los precursores de la novela y de la historiografía trágica[41], que, eclipsada ya la época del esplendor de la tragedia ática, se decantó por desmitificar las leyendas de los grandes personajes de la historia y articular sus tramas a través de personajes intrigantes, como eunucos o mujeres (Parisátide es un personaje paradigmático). Ellos decoran toda su prosa y encarnan la violencia desatada (también de eunucos y mujeres o de los propios Grandes Reyes persas) y la conjura del harén, lo que se convertiría en el tópico de la representación del mundo oriental, conocido como orientalismo y que arranca desde *Los Persas* de Esquilo y llega hasta nuestros días, tal como estudió Edward Said[42].

Algo hemos dicho ya sobre las fuentes y la posible consulta de documentación persa como los *Anales reales* (βασιλικαὶ ἀναγραφαί o βασιλικαὶ διφθέραι) en los que, según Ctesias (*FGrHist*. 688, F1b, 22; F5, 32, 4), basó parte de su relato, narración que complementaría con su visión presencial de los monumentos y las inscripciones reales aqueménidas[43]. Ctesias conocería seguramente los tratados de *Persiká* o *Magiká* anteriores o contemporáneos, en especial la obra de Helánico, y sin duda leyó la obra de Heródoto, y la verdad es que su intención fue distanciarse en no pocos puntos de la versión del conflicto greco-persa del historiador de Halicarnaso[44]. Esto es especialmente patente en lo que respecta a los orígenes de Ciro, hijo de un bandido mardo, Atradates, y una pastora de cabras, Argoste –un origen humilde del rey que recrea, sin duda, un antiguo motivo folklórico mesopotámico: el del villano, como Sargón, que asciende a la realeza–[45], y que no se corresponde con la ascendencia de Ciro que leemos en la mayoría de las fuentes clásicas, Heródoto y Jenofonte incluidos[46]; pero también en el relato de las Guerras Médicas[47]. No se ha librado Ctesias de la

---

[40] F. J. Gómez Espelosín 1994.
[41] G. Marasco 1988.
[42] E. Said 2003.
[43] Véase P. Briant 1996, capítulo sexto.
[44] R. Bichler 2011.
[45] A. Momigliano 1931, p. 196; R. Drews 1974, p. 389; P. Briant 1982, p. 78; A. Kuhrt 2003, p. 356; A. Tourraix 2021, pp. 221-280.
[46] M. Waters 2017; J. Velázquez Muñoz 2021.
[47] F. Jacoby 1922; Cizek 1975; J. M. Bigwood 1978b; D. Lenfant 1996; D. Lenfant 2004, pp. CXXVII-CXXXVII; D. Lenfant 2011, p. 98; Ch. Tuplin 2011.

etiqueta de falsario, incluso hay quien ha defendido que nunca estuvo en Persia[48]. Lo habitual ha sido ver en él un mero epitomador con aires orientalistas y novelescos de Heródoto[49] y no a un autor singular que trabajó con fuentes originales aqueménidas en su estancia en la corte de Artajerjes II y que nos aporta datos novedosos sobre el Imperio persa. Por poner algunos ejemplos, habla de la adopción de un nombre dinástico cuando un soberano viste la púrpura, de la construcción de la tumba de Darío I y de algunos antropónimos iranios[50]; menciona personajes corroborados en las tablillas de la casa de negocios babilonia de los Murašū, algunos títulos cortesanos (ἀζαβαρίτης *[azabarites]*), el monte de Behistún como Bagistán (aunque atribuye el monumento a Semíramis), la existencia de paraísos junto a las tumbas reales, folclore mesopotámico y un largo etcétera[51].

De lo que no cabe duda es de que Ctesias tuvo siempre la intención inequívoca de escribir unas *Historias de Persia* y el resultado cumple sobradamente con los imperativos del género literario de los *Persiká,* si es que, por su precario estado de conservación, no podemos afirmar sencillamente que con él el género alcanzó su máximo esplendor desde un punto de vista literario, de contenido y de forma.

4. TRADICIÓN MANUSCRITA, EDICIONES, COMENTARIOS Y TRADUCCIONES

Tradición manuscrita

Salvo un papiro hallado en Oxirrinco (*P.Oxy.* 2330), que podría contener un extracto de la obra original[52] aunque tampoco hay unanimidad al respecto, el conjunto de fragmentos que constituyen las *Historias de Persia* de Ctesias de Cnido es fruto de la tradición indirecta[53]. Ello nos obligaría a incluir toda la tradición manuscrita de los autores que nos han transmitido

---

[48] M. Dorati 1995.
[49] F. Jacoby 1922; R. Bichler 2004; Bleckmann 2007.
[50] R. Schmitt 2006; R. Schmitt 2011.
[51] Bibliografía en D. Lenfant 2011, pp. 99-100.
[52] J. M. Bigwood 1986.
[53] D. Lenfant 2004, pp. CLXXIII-CLXXV.

fragmentos de la obra de Ctesias. Como ello sería un labor ingente e interminable, remitimos a la lista completa de las ediciones seguidas en la edición de Lenfant 2004[54] y tan solo señalamos aquí el elenco de autores y obras que nos han trasmitido pasajes de las *Historias de Persia,* una muestra de que, como se ha dicho, Ctesias fue un auténtico *best seller* en la antigüedad[55]: Agatías; Anónimo, *Sobre las mujeres;* Antígono de Caristo, también conocido como Antígono Paradoxógrafo; Apolonio Paradoxógrafo; Apsines; Aristóteles; Arnobio, Arriano, Atenágoras, Ateneo de Náucratis, Aulo Gelio, Clemente de Alejandría, Demetrio, Dionisio de Halicarnaso, Diodoro de Sicilia, Eliano, Eneas de Gaza, Eratóstenes, Esteban de Bizancio, Estrabón, Eusebio, Focio, Galeno, Harpocración, Hesiquio, Higinio, Jenofonte, Lido, Luciano, Nicolás de Damasco, Oribasio, *Papyrus Oxyrhynchus* 2330, Paradoxógrafo Florentino, Pausanias, Plinio, Plutarco (en especial *Vida de Artajerjes*), Pólux, Polieno, Pselo, Servio, *Suda,* Síncelo, Teón, Tertuliano, Tzetzes y Valerio Máximo[56]. La lista refleja el interés suscitado por la obra de Ctesias en la tradición, desde el mundo clásico, entre los autores cristianos y en época bizantina, pero destacan por encima de todos en la transmisión de la obra de Ctesias Diodoro de Sicilia, Nicolás de Damasco[57] y el patriarca Focio (a quien sin duda le interesó la abundancia de datos paradoxográficos de Ctesias)[58], a los que seguirían Plutarco[59], Ateneo de Náucratis y Eliano. No es fácil saber tampoco el grado de fiabilidad en la transmisión de los fragmentos de Ctesias, si bien se ha defendido que autores como Diodoro, Nicolás de Damasco y Plutarco citarían o modificarían libremente los fragmentos, mientras que Focio sería más fiel, ya que su intención era comparar a Ctesias con Heródoto y Jenofonte[60].

---

[54] D. Lenfant 2004, pp. CXCIII-CCVI.
[55] L. Llewellyn-Jones 2010, p. 20.
[56] Harpocración, Juan Lido, Oribasio, Pselo, Servio y Valerio Máximo no transmiten fragmentos de *Historias de Persia* ni testimonios, sino de *Relaciones de la India.*
[57] D. Lenfant 2000.
[58] S. Micunco 2010, p. 26.
[59] E. Almagor 2018, pp. 34-133.
[60] J. P. Stronk 2010, p. 148.

Ediciones

Es cierto que, en las ediciones de Ctesias, la definitiva edición de Dominique Lenfant marca un antes y un después. No obstante, sería injusto no mencionar a aquellos pioneros que mostraron un interés precoz por el autor de Cnido y que comprendieron la necesidad de que un autor tan importante para el estudio del Imperio aqueménida fuera editado y que finalmente se le hiciera justicia. Cronológicamente, la lista es la siguiente:

MÜLLER, C. (1844), *Ctesia Cnidii Fragmenta,* Paris [apéndice a la edición Didot de Heródoto]. (Es sorprendente que Müller omitiese a Ctesias en sus *Fragmenta Historicorum Graecorum* (= FHG), 5 vols., Paris, 1841-1870).
GILMORE, J. (1888), *The Fragments of Persika of Ktesias,* London (texto griego, traducción inglesa y notas solo de los *Persiká*).
JACOBY, F. (1958), *Die Fragmente der griechischen Historiker,* III, n.º 688, Leiden (texto griego de casi todos los fragmentos).
HENRY, R. (1959), *Photius. La Bibliothèque,* Paris, t. I, *codex* 72, pp. 105-147 (edición y traducción francesa del resumen de los *Persiká* del patriarca Focio).
KÖNIG, F. W. (1972), *Die Persika des Ktesias von Knidos,* Weidner, Graz (texto griego, traducción alemana y comentario).
LENFANT, D. (2004), *Ctésias de Cnide. La Perse, L'Inde, Autres fragments,* Paris (texto griego, traducción francesa y comentario. Se completa a Ctesias con los fragmentos conservados en Nicolás de Damasco).

Comentarios

LENFANT, D. (2004), *Ctésias de Cnide. La Perse, L'Inde, Autres fragments,* Paris (más de 200 páginas de introducción a la vida y la obra de Ctesias y una edición con más 1.000 notas a pie de página y comentario).

Traducciones (excluimos en este apartado las traducciones que acompañan a las ediciones citadas *supra*)

HENRY, R. (1947), *Ctésias, La Perse/L'Inde. Les sommaires de Photius*, Bruxelles (traducción francesa).
AUBERGER, J. (1991), *Ctésias. Histoires de l'Orient*, Paris (traducción francesa de la edición de Jacoby 1958).
NILSON, N. y BEVEGNI, Cl. (1992), *Fozio, Biblioteca* (traducción italiana de Cl. Bevegni de los fragmentos de Ctesias transmitidos por Focio. Hay edición inglesa, London, 1994).
LLEWELLYN-JONES, L. y ROBSON, J. (2010), *Ctesias' History of Persia. Tales of the Orient*, London-New York (traducción inglesa sobre la edición de Lenfant 2004).
MICUNCO, S. (2010), *Storia della Persia; l'India (Fozio, Bibliotheca, 72) con la traduzione francese inedita di J. B. Constantin*, Roma-Padova (traducción francesa acompañada de texto griego).
STRONK, J. P. (2010), *Ctesias' Persian History*, Part 1, Wellem-Düsseldorf (traducción inglesa acompañada de texto griego y con una excelente introducción).

5. NUESTRA TRADUCCIÓN

Juan de Mariana (1536-1624) realizó un epítome en latín de la *Biblioteca* de Focio[61] y, como ya hemos indicado, existen traducciones al castellano de los *Indiká* de Ctesias de Cnido[62]. No obstante, que nosotros tengamos noticia, la nuestra es la primera traducción castellana que reúne los testimonios y todos los fragmentos de las *Historias de Persia* del médico de Cnido. Quizás no esté de más una breve reflexión sobre las razones de esa carencia.

Los estudios sobre la Persia aqueménida no han contado en nuestro país con una tradición asentada, y de nada sirvió que en 1618 García Da Silva y Figueroa, embajador de la España de Felipe III en Persia, fuera el primer occidental en identificar correctamente las ruinas de Persépolis, la capital del Imperio aqueménida, que había permanecido en un olvido relativo desde que Alejandro le prendió fuego en el 330 a.C., cediendo al

---

[61] S. Micunco 2010, p. 28.
[62] Véase *supra*, p. 10, n. 14.

deseo de la cortesana Tais y como venganza por el incendio de Atenas por Jerjes en la Segunda Guerra Médica. Tampoco estimuló vocaciones sobre ese imperio olvidado la exposición del mismo nombre del Museo Británico que, hace unos años, nos visitó en el CaixaForum de Barcelona y nos reeducó la mirada y la sensibilidad hacia la antigua Persia[63].

Para los filólogos, un historiador fragmentario es demasiadas veces un historiador menor, poco atractivo y, lo que es más recurrente, un autor difícilmente rentable desde el punto de vista editorial. Los historiadores de Grecia se valen casi siempre de Heródoto, de Jenofonte o de los Historiadores de Alejandro para explicar el conflicto greco-persa y, finalmente, los filólogos, en general, acostumbran a construir sus relatos sobre las relaciones greco-persas desatendiendo a los autores de *Persiká* o, lo que es más grave, las fuentes procedentes del Próximo Oriente o de Egipto.

Esta traducción incluye los testimonios sobre la vida y obra de Ctesias de Cnido y los fragmentos conservados de su obra *Historias de Persia*. Para traducirlos, hemos seguido la edición crítica, bilingüe en griego y francés con comentario, de Dominique Lenfant (2004), y nos hemos apoyado también en la de Felix Jacoby (1958), cuya numeración sigue siendo normativa, a día de hoy, para citar a los historiadores griegos fragmentarios, Ctesias entre ellos (*FGrHist.* 688). Asimismo, hemos consultado varias traducciones modernas: la citada Lenfant, Llewellyn-Jones y Robson (2010) y Stronk (2010), entre otras.

Hemos mantenido el orden y numeración que Lenfant da a los testimonios (T) y fragmentos (F), así como los signos ortográficos auxiliares y las abreviaturas que los acompañan. De esta forma, la inicial de Lenfant entre corchetes [L] indica que un testimonio o fragmento aparece en su edición, pero no en la de Jacoby. El asterisco tras el número de testimonio o fragmento (*) muestra que la atribución a Ctesias no es segura. Se remite a un testimonio [cfr. T15] o un fragmento [cfr. F5] cuando los pasajes se solapan total o parcialmente. Los pasajes solapados se repiten. Además, hemos añadido breves epígrafes en cursiva para orientar la lectura.

Como hemos apuntado más arriba, testimonios y fragmentos nos han llegado por tradición indirecta, a través de numerosos

---

[63] J. Curtis y N. Tallis 2006.

autores clásicos de diferentes épocas, cuyos pasajes con menciones, citas o paráfrasis sobre Ctesias o las *Historias de Persia* están debidamente referenciados, para facilitar la consulta. En la traducción, hecha a partir de la lengua griega excepto que se especifique lo contrario, hemos reflejado fielmente cada pasaje atendiendo al estilo de los distintos autores. Paralelamente, hemos procurado que el texto resultante en castellano sea idiomático y accesible. Para los nombres propios griegos y helenizados se han tenido en cuenta las recomendaciones de Manuel Fernández Galiano (1969). Para los topónimos y gentilicios hemos utilizado, en la medida de lo posible, formas consolidadas en castellano y hemos transcrito en cursiva las palabras persas.

Con esta traducción creemos que se repara una injusticia con el historiador de Cnido y que por fin se acerca al lector en lengua castellana una obra no solo rica para conocer la historia del Imperio aqueménida, sino también imprescindible para saber cómo los autores clásicos representaron la alteridad persa, una representación que no solo impregna el imaginario griego, sino que llega hasta nuestros días, puesto que todavía hoy demasiadas veces predominan los tintes de orientalismo y a partes iguales los *ficta* y *facta* sobre las conjuras de harén, el despotismo asiático y el Bárbaro por antonomasia: el pueblo persa y el Gran Rey de Persia.

Confiamos que esta traducción contribuya a dar a conocer la importante obra de Ctesias de Cnido en la tradición de *Persiká* y a reforzar la tradición española (más allá de los autores de nuestro país citados en las notas) en los estudios sobre la Persia aqueménida, un imperio demasiado tiempo olvidado que arbitró los asuntos griegos durante dos siglos.

6. BIBLIOGRAFÍA

Ediciones (véase el subapartado homónimo *supra*, p. 24)

Traducciones

ESTIENNE, H. (1557), Ἐκ τῶν Κτησίου, Ἀγαθαρχίδου, Μέμνονος ἱστορικῶν ἐκλογαί. Ἀππιάνου Ἰβερικὰ καὶ Ἀννιβαϊκή. *Ex Ctesia, Agatharchide, Memnone excerptae historiae. Appiani Ibe-*

rica. Item De Gestis Annibalis, Genève (traducción latina a
partir de Focio, pero sin concocer la *editio princeps* del patriarca de David Hoeschel a partir del manuscrito Palat. Gr.
421/422)[64].

HENRY, R. (1947), *Ctésias, La Perse/L'Inde. Les sommaires de
Photius*, Bruxelles (traducción francesa).

AUBERGER, J. (1991), *Ctésias. Histoires de l'Orient*, Paris (traducción francesa de la edición de Jacoby 1958).

LLEWELLYN-JONES, L. y ROBSON, J. (2010), *Ctesias' History of
Persia. Tales of the Orient*, London-New York (traducción
inglesa sobre la edición de Lenfant 2004).

MICUNCO, S. (2010), *Storia della Persia; l'India (Fozio, Bibliotheca, 72) con la traduzione francese inedita di J. B. Constantin*,
Roma-Padova (traducción francesa acompañada de texto
griego).

STRONK, J. P. (2010), *Ctesias' Persian History*, Part 1, Wellem-
Düsseldorf (traducción inglesa acompañada de texto griego
y con una excelente introducción).

Estudios[65]

ALBADALEJO VIVERO, M. (2005), *La India en la literatura griega.
Un estudio etnográfico*, Madrid.

ALMAGOR, E. (2018), *Plutarch and the Persica*, Edinburgh.

ALONSO-NÚÑEZ, J.-M. (1996), «Ctésias, historien grec du mon-
de perse», en P. Carlier (ed.), *Le IVᵉ siècle av. J.-C. Approches
historiographiques*, Paris-Nancy, pp. 325-350.

ÁLVAREZ-PEDROSA NÚÑEZ, J. A. (2018), *Ctesias de Cnido, Relaciones de la India*, Madrid.

AUBERGER, J. (1993), «Ctésias et les femmes», *DHA* 19/2, pp.
253-272.

— (1995), «Ctésias romancier», *AC* 64, pp. 57-73.

— (2011), «Que reste-t-il de l'homme de science?», en J. Wiesehöfer, R. Rollinger y G. B. Lanfranchi (eds.) (2011), pp.
13-20.

---

[64] S. Micunco 2010, p. 29.
[65] No se incluyen todos los trabajos citados en las notas a pie de página de
la traducción de la obra de Ctesias. Una bibliografía completa en M. M.
Berktold *et al.* 2011.

BERKTOLD, M. M. *et al.* (2011), «Ktesias-Bibliographie», en J. Wiesehöfer, R. Rollinger y G. B. Lanfranchi (eds.) (2011), pp. 515-527.

BICHLER (2004), «Ktesias "korrigiert" Herodot. Zur literarischen Einschätzung der *Persika*», en H. Heftner y K. Tomaschitz (eds.), *Ad Fontes. Festchrift für Gerhard Dobesch zum fünfundsechzigsten Geburstag am 15. September 2004,* Wien, pp. 105-116.

— (2011), «R. Bichler: Ktesias spielt mit Herodot», en J. Wiesehöfer, R. Rollinger y G. B. Lanfranchi (eds.) (2011), pp. 21-52.

— (2021), «The Perspectives of Greek and Latin Sources», en B. Jacobs; R. Rollinger, (eds.) (2021), pp. 1427-1446.

BIGWOOD, J. M. (1976), «Ctesias' Account of the Revolt of Inaros», *Phoenix* 30, pp. 1-25.

— (1978a), «Ctesias' description of Babylon», *AJAH* 32/1, pp. 32-52.

— (1978b), «Ctesias as historian of the Persian wars», *Phoenix* 30, pp. 19-41.

— (1980), «Diodorus and Ctesias», *Phoenix* 34, pp. 195-207.

— (1983), «The Accounts of the Battle of Cunaxa», *AJPh,* 104, pp. 340-357.

— (1986), «P. Oxy 2330 and Ctesias», *Phoenix* 40, pp. 383-406.

BINDER, B. (2008), *Plutarchs Vita des Artaxerxes. Ein Historischer Kommentar,* Berlin-Boston.

— (2011), «Plutarch und Ktesias. Beobachtungen zu den Quellen der Artaxerxes-Vita», en J. Wiesehöfer, R. Rollinger y G. B. Lanfranchi (eds.) (2011), pp. 53-68.

BLECKMANN, B. (2007), «Ktesias von Knidos und die Perserkriege: historische Varianten zu Herodot», en B. Bleckmann (ed.), *Herodot und die Epoche der Perserkriege. Realitäten und Fiktionen. Kolloquium zum 80. Geburstag von Dietmar Kienast,* Böhlau, Bonn, Weimar, Wien, pp. 137-150.

BONCQUET, J. (1990), «Ctesias's Assyrian king list and his Chronology of Mesopotamian History», *Anc. Soc.* 21, pp. 5-16.

BRIANT, P. (1982), *État et pasteurs au Moyen-Orient ancien,* Paris.

— (1989a), «Histoire et idéologie. Les Grecs et la "décadence perse"», en M.-M. Mactoux y E. Geny (eds.), *Mélanges Pierre Lévêque 2, Anthropologie et société,* Paris, pp. 33-47.

— (1989b), «Table du Roi, tribut et redistribution chez les Achéménides», en P. Briant y Cl. Herrenschmidt (eds.), *Le tribut dans l'empire perse. Actes de la Table ronde de Paris 12-13 Décembre 1986,* Paris, pp. 35-44.

— (1996), *Histoire de l'empire perse. De Cyrus à Alexandre,* París.

— (2011), «Orientaliser l'Orient, ou: d'un orientalisme à l'autre (Quelques remarques de conclusion)», en J. Wiesehöfer, R. Rollinger y G. B. Lanfranchi (eds.) (2011), pp. 507-514.

BROSIUS, M. (1996), *Women in Ancient Persia (559-331 BC),* New York.

— (2011), «Greeks at the Persian court», en J. Wiesehöfer, R. Rollinger y G. B. Lanfranchi (eds.) (2011), pp. 69-80.

BROWN TRUESDELL, S. (1978), «Suggestions for a vita of Ctesias», *Historia* 27, pp. 1-19.

CAEROLS PÉREZ, J. J. (1991), Helánico de Lesbos, *Fragmentos.* Edición y traducción, Madrid.

CARDASCIA, G. (1951), *Les Archives des Murašū. Une famille d'homes d'affaires babyloniens à l'époque perse (455-403 av. J.-C.),* Paris.

CIZEK, A. (1975), «From the Historical Truth to the Literary Convention: the Life of Cyrus the Great viewed by Herodotus, Ctesias and Xenophon», *AC* 44, pp. 531-552.

CURTIS, J. y TALLIS, N. (eds.) (2006), *El Imperio olvidado. El mundo de la Antigua Persia,* Barcelona [London, 2005].

DANDAMAEV, M. A. (1989), *A Political History of the Achaemenid Empire,* Leiden.

DE JONG, A. (2010), «Religion at the Achaemenid Court», en B. Jacobs y R. Rollinger (eds.), (2010), pp. 533-558.

DORATI, M. (1995), «Ctesia falsario?», *QS* 41, pp. 33-52.

— (2011), «Lo storico nel suo testo: Ctesia e la sua ‹biografia›», en J. Wiesehöfer, R. Rollinger y G. B. Lanfranchi (eds.) (2011), pp. 81-109.

DREWS, R. (1973), *The Greek Accounts of Eastern History,* Cambridge, Mass.

— (1974), «Sargon, Cyrus and Mesopotamian Folk History», *JNES* 33, pp. 387-393.

ECK, B. (1990), «Sur la vie de Ctésias», *REG* 103, pp. 409-434.

FERNÁNDEZ GALIANO, M. (1969), *La transcripción castellana de los nombres propios griegos,* Madrid.

GARCÍA SÁNCHEZ, M. (2009), *El Gran Rey de Persia. Formas de representación de la alteridad persa en el imaginario griego,* Barcelona.

— (2018), «Los intelectuales griegos y la monarquía aqueménida: discusiones de escuela y realidad política», en J. Pascual,
B. Antela-Bernárdez y D. Gómez Castro (eds.), *Cambio y
pervivencia. El mundo griego en el siglo IV a.C.*, Madrid, pp.
351-359.

— (2025), «Etnicidades imaginadas e imaginarias: Heródoto,
autor de Persiká», *Myrtia* (en prensa).

GÓMEZ ESPELOSÍN F. J. (1994), «Estrategias de la veracidad en
Ctesias de Cnido», *Pólis* 6, pp. 143-168.

— (1996), *Ctesias, Sobre la India*, en *Relatos de viajes en la antigua Grecia*, Madrid, pp. 11-36.

GOOSSENS, G. (1950), «Le sommaire des *Persica* par Photius»,
RBPh 28, pp. 513-521.

HENTSCH, Th. (1988), *L'orient imaginaire. La vision politique
occidentale de l'est méditerranéen,* Paris.

HOFSTETTER, J. (1978), *Die Griechen in Persien. Prosopographie
der Griechen im Persischen Reich vor Alexander,* Berlin.

JACOBS, B. y ROLLINGER, R. (eds.), (2010), *Der Achämeniden-
hof/The Achaemenid Court,* Wiesbaden.

— (2021), *A Companion to the Achaemenid Persian Empire.*
Hoboken, NJ.

JACOBY, F. (1922), «Ktesias», *RE*, vol. XI, Stuttgart, col. 2059-
2071.

KUHRT, A. (2003), «Sargon of Agade and Cyrus the Great of
Persia», en W. Henkelman y A. Kuhrt (eds.), *A Persian Pers-
pective. Essays in Memory of Heleen Sancisi-Weerdenburg,
Achaemenid History* XIII, Leiden, pp. 347-361.

LANFRANCHI, G. B. (2011), «Gli Ἀσσυριακὰ di Ctesia e la docu-
mentazione assira», en J. Wiesehöfer, R. Rollinger y G. B.
Lanfranchi (eds.) (2011), pp. 175-223.

LENFANT, D. (1996), «Ctésias et Hérodote ou les réécritures
de l'histoire dans la Perse achéménide», *REG* 109, pp. 348-
380.

— (2000), «Nicolas de Damas et le corpus des fragments de
Ctésias : du fragment comme adaption», *Anc. Soc.* 30, pp.
293-318.

— (2001/2), «La "décadence" du Gran Roi et les ambitions de
Cyrus le Jeune: aus sources perses d'un mythe occidental?»,
REG 114, pp. 407-438.

— (2004), *Ctésias de Cnide. La Perse, L'Inde, Autres fragments,*
Paris.

— (2007), «Greek Historians of Persia», en J. Marincola (ed.), *A Companion to Greek and Roman Historiography,* Oxford, pp. 200-209.

— (2009), *Les Histoires perses de Dinon et d'Héraclide.* Fragments édités, traduits et commentés, Paris.

— (2011), *Les perses vus par les grecs. Lire les sources classiques sur l'empire achéménide,* Paris.

LEWIS, D. M. (1977), *Sparta and Persia,* Leiden.

LLEWELLYN-JONES, L. (2002), «Eunuchs and the Royal Harem in Achaemenid Persia (559–331 BC)», en S. Tougher (ed.), *Eunuchs in Antiquity and Beyond.* Swansea-London, pp. 19-49.

— (2024), *Los Persas. La era de los Grandes Reyes,* Barcelona [London, 2022].

MADREITER, I. (2011), *Stereotypisierung – Idealisierung – Indifferenz. Formen der Auseinandersetzung mit dem Achaimeniden-Reich in der griegischen Persika-Literatur,* Wiesbaden.

MARASCO, G. (1988), «Ctesia, Dinone, Eraclide di Cuma e le origini della storiografia tragica», *SIFC* 6, pp. 48-67.

MOGGI, M. (1972), «Autori greci di Persiká. I: Dionisio di Mileto», *ASNP* 2/2, pp. 433-468.

— (1977), «Autori greci di Persiká. II: Carone di Lampsaco», *ASNP* 7/1, ser. 3, pp. 1-26.

MOMIGLIANO, A. (1931), «Tradizione e invenzione in Ctesia», *A&R* 12, pp. 15-44 = *Quarto contributo alla storia degli classici e del mondo antico,* Roma, 1969, pp. 193-200.

MORGAN, J. (2016), *Greek Perspectives on the Achaemenid Empire. Persia through the Looking Glass,* Edinburgh.

NICHOLS, A. (2011), *Ctesias: On India,* Bristol.

PICCIRILLI, L. (1975), «Carone ed Erodoto», *ASNP* 5/4, pp. 1239-1254.

PIRNGRUBER, P. (2011), «Eunuchen am Königshof. Ktesias und die altorientalische Evidenz», en J. Wiesehöfer, R. Rollinger y G. B. Lanfranchi (eds.) (2011), pp. 279-312.

ROLLINGER, R. (2010), «Extreme Gewalt und Strafgericht. Ktesias und Herodot als Zeugnisse für den Achaimenidenhof», en B. Jacobs y R. Rollinger (eds.), (2010), pp. 558-666.

— (2011), «Ktesias' Medischer Logos», en J. Wiesehöfer, R. Rollinger y G. B. Lanfranchi (eds.) (2011), pp. 313-350.

SAID, E. W. (2003), *Orientalismo,* Barcelona [New York, 1978].

SANCISI-WEERDENBURG, H. (1983), «Exit Atossa: Images of Women in Greek Historiography on Persia», en A. Cameron y A. Kuhrt (eds.), *Images of Women in Antiquity*, London-Sidney, pp. 20-33.

— (1987), «Decadence in the Empire or Decadence in the Sources? From source to synthesis», en H. Sancisi-Weerdenburg (ed.), *Achaemedid History I, Sources, Structures and Synthesis*, Leiden, pp. 33-45.

— (1995), «Persian Food: Stereotypes and Political Identity», en J. Wilkins *et al.* (eds.), *Food in Antiquity*. Exeter, pp. 286-302.

SCHMITT, R. (1993), «Ctesias», *Encyclopaedia Iranica* VI, pp. 441-446.

— (2006), *Iranische Anthroponyme in den erhaltenen Resten von Ktesias' Werk*, Wien.

— (2011), «"Ktesias' Namen stecken voller Geheimnisse". Die Persika als Quelle der altiranischen Anthroponomastik», en J. Wiesehöfer, R. Rollinger y G. B. Lanfranchi (eds.) (2011), pp. 367-383.

STEVENSON, R. B. (1997), *Persica. Greek Writing about Persia in the Fourth. Century BC.*, Edinburgh.

STOLPER, M. W. (1985), *Entrepreneurs and Empire. The Murašū Archive, the Murašū Firm, and Persian Rule in Babylonia*, Leiden.

TOURRAIX, A. (2000), *L'Orient, mirage grec. L'Orient du mythe et de l'épopée*, Paris.

— (2021), *L'empire perse, les Grecs et le politique*, Besançon.

TRUSCHNEGG, B. (2011), «Geschlechteraspekte in den Schriften des Ktesias», en J. Wiesehöfer, R. Rollinger y G. B. Lanfranchi (eds.) (2011), pp. 403-447.

TUPLIN, Ch. (1996), «The place of Persia in Athenian literature», en *Achaemenid studies*, Stuttgart, pp. 132-177.

— (2004), «Doctoring the Persians: Ctesias of Cnidus, Physician and Historian», *Klio* 86/2, pp. 305-347.

— (2011), «Ctesias as Military Historian», en J. Wiesehöfer, R. Rollinger y G. B. Lanfranchi (eds.) (2011), pp. 449-488.

VELÁZQUEZ MUÑOZ. J. (2016), *Los caminos reales del Imperio Persa Aqueménida*, Madrid.

— (2021), *Ciro, Rey de Anšan. Origen y formación del imperio persa*, Madrid.

WATERS, M. (2017), *Ctesias' Persica and its Near Eastern Context*, Madison, Wisc.

WIESEHÖFER, J., (2011), «Ktesias und der achaimenidische Hof», en J. Wiesehöfer, R. Rollinger y G. B. Lanfranchi (eds.) (2011), pp. 499-506.

WIESEHÖFER, J.; ROLLINGER, R. y LANFRANCHI, G. B. (eds.) (2011), *Ktesias' Welt/Ctesias' world. Ktesias, die Ktesiasforschung und die internationale Tagung in Salzau (17. bis 20. Mai 2006)*, Wiesbaden.

Ctesias de Cnido
HISTORIAS DE PERSIA

La traducción está dedicada a Antonio Sánchez Vallés,
por su incansable ayuda hasta el final.

T1. *Suda*, s.v. Ctesias (2521)

Vida y obra de Ctesias

Ctesias, hijo de Ctesiarco o Ctesioco, de Cnido, médico, que trató en Persia a Artejerjes, llamado Mnemón, y escribió las *Historias de Persia* en veintitrés libros.

T1b. Tzetzes, *Quilíadas*, 1.85-89 [82-86 Kiessling] [L]

Vida de Ctesias

El médico Ctesias, hijo de Ctesioco, que salió de la ciudad de Cnido de Chipre[1], que, vencido por Artajerjes cuando era aliado de Ciro, pasó diecisiete años en Persia[2], escribiendo las *Historias de Persia* en veintitrés libros...

T2. Estrabón, *Geografía*, 14.2.15

Hombres de Cnido dignos de mención...De allí era también Ctesias, el que trató como médico a Artajerjes y escribió las *Historias de Asiria* y *de Persia*[3].

---

[1] Focio confundió Caria con Chipre, ya que no está documentada ninguna Cnido en la isla de Chipre.

[2] Para el tiempo que Ctesias pasó en la corte de Artajerjes II, véase *supra,* «Introducción».

[3] Quizás en época de Estrabón circulaban como dos obras lo que tan solo eran partes de una misma obra titulada *Historias de Persia* (D. Lenfant, *Ctésias de Cnide. La Perse, L'Inde, Autres fragments,* París, 2004, p. 225, n. 5).

T3. Diodoro de Sicilia, *Biblioteca Histórica*, 2.32.4 [cfr. F5]

Ctesias de Cnido vivió en los tiempos de la expedición de Ciro contra su hermano Artajerjes y, después de convertirse en prisionero y de ser contratado por el rey a causa de sus conocimientos médicos, pasó diecisiete años honrado por el monarca. En efecto, él dice que, a partir de los pergaminos reales[4], en los cuales los persas tenían ordenadas, según cierta costumbre, las acciones antiguas, se ocupó extensamente de todos los detalles y que, después de haberla compuesto, publicó su historia para el público griego.

T3b. Focio, *Biblioteca*, 72 p. 45b [cfr. F45 § 9] [L]

Y sobre el hierro en el fondo de la fuente, Ctesias afirma que había tenido dos espadas hechas de este material, una de parte del rey y otra, de la madre del rey, Parisátide[5].

T4. Galeno, *Comentario de* Sobre las articulaciones *de Hipócrates* 4.40 [cfr. F67]

Ctesias de Cnido, pariente suyo (pues también él mismo era asclepíada de linaje)…[6]

---

[4] En Diodoro de Sicilia leemos que Ctesias investigó ἐκ τῶν βασιλικῶν διφθερῶν (Diod. Sic. 2.32.4), una invención según F. Jacoby («Ktesias», *RE* 9, 1922, col. 2048). Otro pasaje de Diodoro (2.22.5) relativo a Memnón, el hijo de Titono que luchó en Troya, hijo a su vez de un general persa al servicio de los asirios, menciona los archivos reales (βασιλικαὶ ἀναγραφαί). El uso de pieles curtidas se confirma en un pasaje de Heródoto (Hdt. 5.58.2). Ciertamente, no es esta la única mención de dichas fuentes persas. En Heródoto (Hdt. 7.100.1) leemos cómo los secretarios de Jerjes, durante una revista de tropas, iban tomando diligentemente nota de lo inspeccionado –ἀπέγραφον οἱ γραμματισταί– (cfr. I., *AI* 9.6.4; 11.6.10). Como nos recuerda el *Libro de Ester* (Est. 6, 1), el rey Asuero (Jerjes I) se hacía leer las páginas de dichos anales para combatir el insomnio (H. Homeyer, «Zu den Anfängen der griechischen Biographie», *Philologus* 106, 1962, pp. 75-77 y R. Drews, «Assyria in Classical Universal Histories», *Historia* 14, 1965, pp. 138-42, Lenfant, *Ctésias de Cnide. La Perse, L'Inde, Autres fragments,* cit., pp. XXXVI-XXXIX).
[5] Este fragmento se refiere a contenidos de las *Relaciones de la India*.
[6] *Idem*.

T5. Eusebio, *Crónica*

Olimpiada 95, año 1: Jenofonte, hijo de Grilo, y Ctesias son considerados ilustres[7].

T5b Focio, *Biblioteca,* **72 p. 36a6-8**

Alcanzó la flor de la vida en tiempos de Ciro, el hijo de Darío y Parisátide, que ocurría que era hermano de Artajerjes, sobre el que recayó la realeza persa.

T6a. Plutarco, *Vida de Artajerjes,* **11.3 [cfr. F20]**

Después de que hubiera fugas y agitación a su alrededor, el rey se levantó y, con unos pocos hombres –entre los cuales estaba también Ctesias–, se apoderó de una colina cercana y se mantuvo allí tranquilo.

T6aβ. Jenofonte, *Anábasis,* **1.8.26-27 [cfr. F21] [L]**

26.…El médico Ctesias también afirma que él mismo curó la herida. **27.** (…) Ctesias dice cuántos murieron alrededor del rey, pues él estaba a su lado.

T6aγ. Plutarco, *Vida de Artajerjes,* **13.4 [cfr. F22] [L]**

Ctesias afirma que a Artajerjes le dieron cuenta de un número de cadáveres que ascendía a nueve mil, pero que a él le pareció que los cuerpos yacientes no eran menos de veinte mil.

T6b. Plutarco, *Vida de Artajerjes,* **14.1 [cfr. F26]**

Después de la batalla (…) el rey honró con largueza a Ctesias y a los demás.

---

[7] Traducción del latín.

T7a. Focio, *Biblioteca*, 72 p. 44a 31-34 [cfr. F27 § 69]

...cómo el propio Ctesias, que era el médico de Parisátide, hizo, gracias a ella, muchas cosas para la comodidad y el cuidado de Clearco, cuando estaba en la cárcel.

T7aβ. Plutarco, *Vida de Artajerjes*, 18.1-4 [cfr. F28] [L]

1. Cuando Tisafernes engañó a Clearco y a los otros generales y violó la tregua después de que hubieran prestado juramento, los apresó y los envió atados con cadenas, Ctesias afirma que Clearco le pidió que le agenciara un peine[8]. **2.** Clearco, tras conseguirlo y ocuparse de su cabeza, estaba contento con el servicio prestado y le dio un anillo como prenda de amistad para sus parientes y allegados en Lacedemonia. En el sello había un relieve de unas cariátides bailando. **3.** Los soldados encadenados con él le quitaron los alimentos enviados a Clearco y los consumieron, después de darle unos pocos de ellos a él. Ctesias dice que remedió esto, logrando que le fueran enviados más a Clearco y que se dieran otros, por separado, a los soldados. Procuró y suministró este servicio por el agradecimiento y el deseo de Parisátide. **4.** Como se le enviaba cada día un jamón como alimento, le invitó y le enseñó que era necesario enviarle un pequeño cuchillito, después de meterlo en la carne para esconderlo, y no permitir que su fin estuviera al albur de la crueldad del rey. Pero el mismo Ctesias tenía miedo y no quería.

T7b. Plutarco, *Vida de Artajerjes*, 13.5-7 [cfr. T15, F23]

5. Aquello es ya una mentira obvia de Ctesias: afirmar que él mismo había sido enviado a los griegos con Falino de Zacinto y algunos otros. **6.** Pues Jenofonte sabía que Ctesias pasaba su tiempo en la corte del rey. Pues se hace mención de él tam-

---

[8] Los espartanos se peinaban su larga cabellera antes de la batalla y cuando iban a enfrentarse a un posible viaje hacia el más allá, una especie de ritual de preparación frente a la muerte. Un ejemplo paradigmático es el de los espartiatas de Leónidas peinándose en las Termópilas antes del combate contra los ejércitos de Jerjes, ante la perplejidad del soberano aqueménida (X., *Lac.* 13.8; Plu., *Lyk.* 22.1; Hdt. 7.208-209).

bién y es evidente que Jenofonte llegó a consultar sus libros. Si Ctesias hubiese ido y se hubiese convertido en intérprete de conversaciones tan importantes, Jenofonte no lo habría dejado a un lado, anónimo, cuando sí nombraba a Falino de Zacinto. **7.** Pero Ctesias –que, según parece, es extrañamente ambicioso y no menos admirador de los lacedemonios y de Clearco– siempre se concede a sí mismo espacios en su relato donde aparece y hace muchas y elogiosas menciones de Clearco y de Lacedemonia[9].

T7c. Focio, *Biblioteca,* 72 p. 44b20-42 [cfr. F30]

72. Razones por las que el rey Evágoras de Salamina tuvo diferencias con el rey. Mensajeros de Evágoras a Ctesias para recuperar las cartas de parte de Abulites y carta de Ctesias a este mismo Evágoras sobre su reconciliación con el rey Anaxágoras de Chipre. Llegada a Chipre de los mensajeros de parte de Evágoras y entrega a Evágoras de la carta de parte de Ctesias. **73.** Discurso de Conón a Evágoras para que este subiera a presencia del rey y carta de Evágoras sobre sus demandas, carta de Conón a Ctesias, impuesto para el rey de parte de Evágoras y entrega de las cartas a Ctesias. Discurso de Ctesias ante el rey sobre Conón y carta para él. Entrega de los regalos de parte de Evágoras a Satibarzanes y llegada de los mensajeros a Chipre. Carta de Conón al rey y Ctesias. **74.** Cómo fueron vigilados los mensajeros que habían sido enviados al rey de parte de los lacedemonios. Carta del rey a Conón y los lacedemonios, que el propio Ctesias transportó. Cómo Conón se convirtió en comandante de la flota por obra de Farnabaces. **75.** Llegada de Ctesias a Cnido, su patria, y a Lacedemonia, juicio sobre los mensajeros lacedemonios en Rodas y absolución[10].

---

[9] Es manifiesta la poca simpatía de Plutarco hacia Ctesias (puede verse al respecto B. Binder, *Plutarchs Vita des Artaxerxes. Ein Historischer Kommentar,* Berlin-Boston, 2008, pp. 52-60; B. Binder, «Plutarch und Ktesias. Beobachtungen zu den Quellen der Artaxerxes-Vita», en J. Wiesehöfer, R. Rollinger y G. B. Lanfranchi [eds.], *Ktesias' Welt/Ctesias' world. Ktesias, die Ktesiasforschung und die internationale Tagung in Salzau (17. bis 20. Mai 2006),* Wiesbaden, 2011, pp. 53-68).

[10] Sobre la embajada de Ctesias a Chipre véase *supra,* «Introducción».

T7d. Plutarco, *Vida de Artajerjes*, 21.2-4 [cfr. F32]

...Envió una carta al rey sobre lo que planeaba. **3.** Al que la transportaba le ordenó dársela preferentemente a través de Zenón de Creta o de Polícrito de Mende (de estos, uno era Zenón el bailarín y otro, Polícrito el médico); y, si estos no estaban presentes, a través de Ctesias el médico. **4.** Se dice que Ctesias recibió la carta, escribió, en los márgenes de lo que había sido enviado por Conón, que el rey le enviara también a Ctesias, porque sería útil en las actividades marítimas. Pero Ctesias dice que el propio rey le encargó este servicio a él.

T8. Focio, *Biblioteca*, 72 p. 35b35-36a6

Se leyó una obra de Ctesias de Cnido, las *Historias de Persia,* en veintitrés libros. Pero en los primeros seis trata las historias de Asiria y todo lo que es anterior a Persia. Desde el libro siete narra las de Persia. En los libros séptimo, octavo, décimo, undécimo, duodécimo y decimotercero las de Ciro, Cambises y el mago, Darío y Jerjes, se oponen en casi todo a la *Historia* de Heródoto, declarándolo culpable de mentiroso y tachándolo de fabulador. Él es más reciente que Heródoto. Dice que él mismo es testigo ocular de la mayoría de cosas que cuenta o, allí donde no era posible ver, se presenta como oyente directo de los propios persas, y que así escribió su historia. No solo escribe en su historia lo contrario que Heródoto, sino que también está en desacuerdo con Jenofonte el hijo de Grilo en algunas cosas[11].

T8b. Focio, *Biblioteca*, 72 p. 42b 11-13 [cfr. F15 § 51] [L]

El historiador afirma que él mismo escuchó esto de la propia Parisátide[12].

---

[11] Sobre la estructura de las *Historias de Persia* y su temática véase *supra,* «Introducción».
[12] Madre de Artajerjes II y Ciro el Joven, viuda de Darío II. Ctesias fue también su médico personal.

T9. Diodoro de Sicilia, *Biblioteca Histórica,* **14.46.6 [cfr. F33b]**

El historiador Ctesias abarcó la historia de los persas hasta este año, tras comenzar con Nino y Semíramis.

T10. Focio, *Biblioteca,* **72, p. 45a 20-21**

Se leyó también sus *Relaciones de la India,* en un libro, en las que Ctesias emplea más el dialecto jonio.

T11a. Estrabón, *Geografía,* **11.6.2-3**

2.…Sobre estos pueblos ni se describe nada con exactitud cercana a la verdad ni sobre la historia antigua de persas, medos o sirios se llega a una gran fiabilidad por la simplicidad de los historiadores y su gusto por las leyendas. **3.** En efecto, al ver que los que claramente escriben ficción gozan de buena reputación también ellos creyeron presentar una escritura agradable si decían, con un esquema de historia, cosas que nunca vieron ni oyeron ni siquiera de gente que las conociera, pensando solo en esto: que su obra se oyera con gusto y asombro. Se podría confiar más fácilmente en Hesíodo y Homero contando hazañas de héroes, en los poetas trágicos o en Ctesias, Heródoto y Helánico y otros semejantes.

T11b. Estrabón, *Geografía,* **1.2.35**

Nadie podría acusar a Hesíodo de ignorancia por hablar de medioperros, macrocéfalos y pigmeos ni en efecto al propio Homero, por contar estas leyendas en las cuales hay también pigmeos, ni a Alcmán por contar la historia de los esteganópodos, ni a Esquilo por los cabeza de perro, los de los ojos en el pecho y los de un solo ojo, porque ni siquiera prestamos atención a los que escriben en prosa con un esquema de historia en muchas cosas, ni aunque no confiesen la escritura de leyendas. En efecto, inmediatamente se hace evidente que entretejen leyendas queriendo, no por ignorancia de la realidad, sino por invención de cosas imposibles, por el placer de espantar y agradar. Pero parece que lo hacen por ignorancia porque cuentan este tipo de leyendas muy convincentemente, sobre cosas oscuras y desconocidas. Teopompo lo confiesa al afirmar que narra leyendas en sus *Historias,* mejor de lo que lo hacen Heródoto, Ctesias, Helánico y los historiadores de la India.

T11c. Antígono de Caristo, *Colección de historias maravillosas,* 15 [cfr. F36]

Ctesias escribe en sus historias que algo parecido a esto sucede en Ecbatana y en Persia. Pero, como él miente mucho, dejemos a un lado este pasaje. En efecto, parecía también lleno de portentos.

T11d. Plutarco, *Vida de Artajerjes,* 1.4 [cfr. F15a]

Pero, aunque pusiera en sus libros un fárrago variado de historias increíbles y erróneas en cuanto a lo demás, no es verosímil que Ctesias ignorase el nombre del rey, junto al que pasó tanto tiempo, sirviéndolo a él, a su mujer, a su madre y a sus hijos.

T11e. Plutarco, *Vida de Artajerjes,* 6.9 [cfr. F29a]

Si Dinón[13] afirma que la conspiración fue llevada a término en la guerra, Ctesias dice que fue posteriormente. No es verosímil que Ctesias, que había estado presente en estas actividades, ignorase la fecha ni tampoco que tuviera un motivo para alterar en su narración la cronología del hecho –cosa de la que repetidamente se resiente su relato, que se desvía de la verdad hacia lo legendario y lo dramático–, pero este hecho ha de tener el lugar que él le ha dado.

---

[13] Dinón de Colofón fue otro autor de *Historias de Persia* o *Persiká* hacia mediados del siglo IV a.C. (D. Lenfant, *Les Histoires perses de Dinon et d'Héraclide. Fragments* édités, *traduits et commentés,* París, 2009).

T11f. Aristóteles, *Historia de los animales,* **8.28 p. 606a8**
[cfr. F45ka]

En la India, según dice Ctesias sin ser digno de confianza, no hay ni cerdos salvajes ni domésticos, sino que todos los animales sin sangre y con escamas son grandes[14].

T11fβ. Aristóteles, *Historia de los animales,* **3.22 p. 523a26**
[cfr. F48a] [L]

Es mentira también lo que Ctesias ha escrito sobre el semen de los elefantes.

T11fγ. Aristóteles, *Generación de los animales,* **3.22 p. 523a26**
[cfr. F48a] [L]

Pues Ctesias de Cnido es un mentiroso evidente en lo que ha dicho sobre el esperma de los elefantes. En efecto, afirma que al secarse se endurece de tal manera que se vuelve parecido al ámbar[15].

T11g. Arriano, *Anábasis de Alejandro,* **5.4.2 [cfr. F45a]**

Ctesias, si es que Ctesias le es suficiente a alguien como prueba, <dice> que, donde el propio Indo es más estrecho, sus orillas distan cuarenta estadios, donde es más ancho, cien; y que la mayor parte de su curso está entre estas dos anchuras[16].

T11gβ. Arriano, *Historia índica,* **3.6 [cfr. F49a] [L]**

Ctesias de Cnido dice que la tierra de la India es igual al resto de Asia, pero no dice nada...[17]

---

[14] Este fragmento se refiere a contenidos de las *Relaciones de la India.*
[15] *Idem.*
[16] *Idem.*
[17] *Idem.*

T11gγ. Claudio Eliano, *Historia de los animales*, 4.21
[cfr. F45dβ] [L]

Ctesias dice haber visto este animal en Persia, transportado desde la India como regalo para el rey de Persia, si es que Ctesias le es suficiente a alguien para servir de prueba sobre cosas semejantes. Si alguien luego escucha las características propias de este animal, que preste atención al historiador de Cnido[18].

T11h. Luciano, *Historias verdaderas*, 1.2-4

2.…Cada una de mis historias se referiría, no sin comicidad, a algunos antiguos poetas, historiadores y filósofos que han escrito muchos relatos portentosos y legendarios, y los citaría por sus nombres, si no tuviera la idea de que serán evidentes para ti mismo a partir de la lectura. **3.** <Entre ellos>, Ctesias de Cnido, el hijo de Ctesioco, que escribió sobre el territorio indio y sobre las cosas del país que ni él mismo vio ni oyó de otro que dijera la verdad. Yámbulo escribió también sobre las muchas maravillas del gran mar, inventando la mentira identificable para todos, pero, sin embargo, componiendo un argumento no exento de encanto. También muchos otros, que se han propuesto lo mismo que estos autores, han escrito como si fueran sus propias aventuras y viajes, contando historias del enorme tamaño de animales salvajes, de la crueldad de los seres humanos y de formas de vida nuevas. Su fundador y maestro de semejantes payasadas es el Odiseo de Homero, que contó a los del entorno de Alcínoo acerca de la esclavitud de los vientos, de algunos hombres de un solo ojo, comedores de carne cruda y salvajes, e incluso de animales de varias cabezas y sobre transformaciones de sus compañeros por efecto de brebajes y de muchas cosas con las cuales él maravilló a esos idiotas de los feacios. **4.** (…) escribo sobre cosas que ni he visto ni me han pasado ni he averiguado por otros e incluso sobre cosas que ni han existido en absoluto ni, para empezar, han podido ocurrir. Por eso, cualquiera que se tope con ella no debe confiar en mi obra para nada[19].

---

[18] Este fragmento se refiere a contenidos de las *Relaciones de la India*.
[19] *Idem.*

T11hβ. Luciano, *Historias verdaderas*, 2.31 [L]

Los castigos más grandes de todos los soportaban los que habían contado alguna mentira en su vida o los historiadores que no habían escrito la verdad, entre los cuales estaban también Ctesias de Cnido, Heródoto y muchos otros.

T11hγ. Luciano, *Aficionado a las mentiras*, 2 [L]

Yo podría mostrarte a muchos tipos inteligentes en lo demás y admirables por su sentido común, que, no sé cómo, han sido dominados por este mal y son aficionados a las mentiras, de modo que me aflige, si hombres semejantes, excelentes en todo, se complacen en engañarse a sí mismos y a aquellos con los que se topan. Es necesario que tú sepas que los antiguos, de antes de mi época, Heródoto y Ctesias de Cnido, y antes que ellos, los poetas y el propio Homero, hombres celebrados en canciones, hicieron uso del engaño por escrito, no solo para engañar a quienes los escucharan, sino también para que la mentira, conservada en bellísimos palabras y ritmos, llegara hasta nosotros a través del paso del tiempo. Muchas veces me da vergüenza de sus palabras cuando cuentan la castración de Urano, la sublevación de los gigantes, toda la tragedia en el Hades, las cadenas de Prometeo y cómo, por amor, Zeus se convirtió en toro o en cisne y cómo alguna se transformó de mujer en ave u osa, y además hablan de pegasos, quimeras, gorgonas, cíclopes y todo este tipo de cosas, historietas muy singulares y portentosas, que pueden cautivar los espíritus de niños que todavía temen a Mormo y Lamia.

T11hδ*. Luciano, *Cómo se debe escribir la Historia*, 39 [L]

El trabajo del historiador es uno solo: decir cómo han ocurrido las cosas. Esto no podría hacerlo mientras o tenga miedo de Artajerjes siendo su médico o espere recibir un caftán púrpura, un collar de oro, un caballo de Nisea[20] como recompensa por los elogios en sus escritos.

---

[20] Según otra lectura, de Nesea, véase Hdt. 7.40.2.3. Se trata de regalos habituales del rey persa a nobles o cortesanos que han destacado en algún servicio prestado a la corona.

T11i. Eneas de Gaza, *Teofrasto*, 84-85 [L]

Ni Ctesias, pese a que escribió muchos y legendarios relatos sobre la India, contó esto en absoluto, ni Arriano...

T11j. Tzetzes, *Quilíadas*, 9, hist. 275, v. 571-585 [= 578-592 Kiessling] [L]

Exactitud de Ctesias

A Tzetzes le parece evidente que Ctesias escribe historia de forma más verídica que los otros, al menos en lo que escribió sobre Babilonia. Pues él mismo describe que todo su perímetro era de trescientos sesenta estadios. Y los otros lo aumentan más y más. Al menos, el que disminuye la longitud del perímetro no aumentaría mucho la altura de la ciudad sin necesidad. Pero quizá cuando las vio Ctesias, la altura de las torres fuera de sesenta brazas y la altura de las murallas, de cincuenta codos. Pero por guerras y terremotos igual se cayeron y, posteriormente, Clitarco y todo el que iba con Alejandro vieran su altura tan baja en brazas que apenas fueran lo bastante grandes para medirse en codos.

T12. Dionisio de Halicarnaso, *Sobre la composición estilística*, 10.4-5

Estilo de Ctesias

4. El estilo de Tucídides y de Antifonte de Ramnunte es hermoso, por Zeus, como no hay otro y nadie podría hacer reproches en esto, pero desde luego no es agradable. En cambio, el del historiador Ctesias de Cnido y el del Jenofonte socrático es lo más agradable posible, pero no es tan bello como convendría. Hablo en general, y no de cada caso, ya que en los primeros algunos pasajes están compuestos de manera agradable y en los segundos, de manera hermosa. **5.** La escritura de Heródoto tiene ambas cualidades, pues es agradable y hermosa.

T13. Focio, *Biblioteca*, 72, p. 45a5-19

Este historiador es bastante claro y simple y, por eso, su estilo es muy ameno. Emplea el dialecto jonio, si no completamente, como Heródoto, sí en algunas expresiones. No desvía su
narración con algunas digresiones inoportunas, como el otro.
Él mismo no se abstiene de leyendas, por las que critica a Heródoto, especialmente en la obra titulada *Relaciones de la India*.
La amenidad de sus historias reside sobre todo en la elabora-
ción de sus relatos, con mucho patetismo, giros inesperados y
adornos estilísticos variados cercanos a lo legendario. Su estilo
es algo más relajado de lo necesario, como si cayera en colo-
quialismos. En cambio, el estilo de Heródoto, por esto y, además, por la fuerza de su palabra y la técnica, es un modelo del
dialecto jonio.

T14a. Demetrio, *Sobre el estilo*, 209-216 [cfr. F8a, F24]

209. Primero, sobre la vivacidad. La vivacidad surge de la
exactitud y de no omitir ni cortar nada, un ejemplo: «como
cuando un hombre que dirige el caudal del agua…» y toda la
comparación[21]; la vivacidad viene de que comenta todo lo que
ocurre y no deja nada fuera.

210. También la carrera de caballos en honor de Patroclo, en
los versos en los que Homero dice: «con su aliento la espalda de
Eumelo…» y «los dos parecía que iban a pisar el carro»[22]. Toda
esta vivacidad resulta de no omitir nada de lo que ocurre o ha
ocurrido.

211. De este modo, a menudo la repetición crea más vivacidad que decirlo todo una sola vez, como lo de: «tú hablaste mal
de él cuando estaba vivo y ahora que ha muerto, escribes mal de
él». En efecto, que aparezca lo de mal dos veces hace más viva
la difamación.

212. De lo que acusan a Ctesias, de demasiado locuaz por la
repetición, muchas veces quizá lo acusen con fundamento, pero
otras muchas no se dan cuenta de la vivacidad del hombre. Pues
se pone lo mismo dos veces porque a menudo da más énfasis.

---

[21] Véase Hom. *Il.* 21.257-262.
[22] Véase Hom. *Il.* 23.379-380.

213. Por ejemplo, lo siguiente: un tal Estriangeo, un medo, tiró a una mujer saca del caballo, pues en el país de los sacas las mujeres combaten como las amazonas. Contemplando a la saca, atractiva y guapa, la soltó para que se salvara. Después, cuando se hizo una tregua, pese a estar apasionadamente enamorado de la mujer, no tenía éxito. Resolvió dejarse morir de hambre, pero primero escribió una carta a la mujer reprochándole lo siguiente: «yo te salvé y tú te salvaste gracias a mí, pero yo me he muerto por tu culpa».

214. En este punto quizá se podría valorar el discurso breve, creyendo que poner dos veces «yo te salvé» y «tú te salvaste gracias a mí» no sirve para nada, pues ambas frases significan lo mismo. Pero si quitaras una de las dos, eliminarías también la vivacidad y, con la vivacidad, el patetismo. Y, además, lo que sigue, lo de «he muerto» en lugar de «me muero», es más vivaz por el propio uso del pasado. En efecto, lo que sucedió es más terrible que lo que sucederá o lo que todavía está sucediendo.

215. En definitiva, este poeta (pues se lo podría llamar poeta con razón) es un creador de vivacidad en toda su obra.

216. Un ejemplo también de esta clase de cosas: No se debe decir directamente lo ocurrido, sino poco a poco, dejando al oyente con el suspense y obligándolo a compartir la angustia. Esto hace Ctesias en el anuncio de la muerte de Ciro. Pues, al llegar, el mensajero no dice directamente a Parisátide que Ciro ha muerto (en efecto, esto es lo que se llama un discurso escita), sino que primero dice que iba ganando y ella se alegra y siente angustia y después pregunta:

—¿Cómo le va al rey?

—Huyó –responde él.

—Tisafernes es responsable de esto ante él –interrumpe ella y, de nuevo, vuelve a preguntar–: ¿Dónde está Ciro ahora?

—Donde deben acampar los hombres buenos –contesta el mensajero.

El mensajero suelta las palabras avanzando a trancas y barrancas, poco a poco y con brevedad, desvelando de una forma muy evidente y característica que anuncia la desgracia contra su voluntad y sumiendo tanto a la madre como al oyente en la angustia.

T14b. Plutarco, *Vida de Artajerjes*, 11.11 [cfr. F20]

Así es la narración de Ctesias, en la cual él acaba con el prota-gonista, pero lo hace tras muchas fatigas, como con una daga roma.

T15. Plutarco, *Vida de Artajerjes*, 13.6 [cfr. T7b, F23]

Vida de Ctesias

Pues Jenofonte sabía que Ctesias pasaba su tiempo en la cor-te del rey. Pues se hace mención de él también y es evidente que Jenofonte llegó a consultar sus libros.

T15b. Plutarco, *Vida de Artajerjes*, 18.6-7 [cfr. F28] [L]

Exactitud de Ctesias

6. Después, Parisátide conspiró contra Estatira y le adminis-tró el veneno, pero Ctesias dice cosas inverosímiles, ya que este motivo tiene muy poca lógica: que Parisátide cometiera un he-cho tan terrible y se arriesgara por Clearco, atreviéndose a aca-bar con la esposa legítima del rey y madre con el rey de los hijos que eran criados para la realeza. 7. Pero no hay duda de que estas cosas añaden un toque trágico al recuerdo de Clearco. En efecto, Ctesias dice también que los demás generales ejecutados fueron despedazados por perros y pájaros, pero que un venda-val de viento que levantó un gran montón de tierra cubrió y ocultó el cuerpo de Clearco.

T16. *Suda*, s.v. Pánfila (139)

Transmisión y valoración de Ctesias

Pánfila, de Epidauro[23], sabia, hija de Sotéridas, de quien se dice también que son las obras de ella, según Dionisio en el li-bro trigésimo de su *Historia de la música*. Según escriben otros,

---

[23] Escritora que vivió en época de Nerón y de la que solo conservamos unos pocos fragmentos sobre historia, transmitidos por Diógenes Laercio y Aulo Gelio.

serían de su marido Socrátidas: *Comentarios históricos* en treinta y tres libros, *Epítome de Ctesias* en tres libros, numerosos
epítomes históricos de otras obras, *Sobre controversias, Sobre
artes amatorias* y muchas otras.

T17. Eusebio, *Preparación evangélica*, 10.3.23

Hay dos libros de Lisímaco *Sobre el plagio de Éforo* y Alceo,
poeta de yambos insultantes y epigramas, parodió y demostró
los plagios de Éforo. Y hay una carta de Polión a Sotéridas, *Sobre el plagio de Ctesias,* y del mismo autor, también un libro,
Sobre el plagio de Heródoto.

T18. Plinio, *Historia natural*

a) **1.2:** Maravillas que combinan fuego y agua...lugares
   que arden siempre...De autores...extranjeros...de
   Ctesias...

b) **1.7:** Apariencia maravillosa de los pueblos...Cosas que
   se han descubierto en vida...De autores...extranje-
   ros...de Ctesias...

c) **1.8:** Sobre las manticoras...De autores...extranjeros...
   de Ctesias...

d) **1.31:** Prodigios de las aguas...De autores...extranje-
   ros...de Ctesias...

e) **1.37:** Sobre el ámbar...De autores...extranjeros...de
   Ctesias...[24]

T19. Aulo Gelio, *Noches áticas*, 9.4

1. Cuando volvíamos de Grecia a Italia y llegamos a Bríndisi,
salimos del barco a tierra en aquel famoso puerto y dimos un
paseo (...) vimos expuestos paquetes de libros para vender. **2.** Y
yo voy inmediata y ávidamente hacia los libros. **3.** Pero todos
estos eran libros griegos llenos de prodigios y leyendas; los te-

---

[24] Traducción del latín. Estos fragmentos se refieren a contenidos de las
Relaciones de la India.

mas, inauditos e increíbles; los escritores, antiguos y de no poca autoridad: Aristeas de Proconeso, Isígono de Nicea, Ctesias, Onesícrito, Filoestéfano y Hegesias. **4.** Pero los propios rollos estaban sucios por el largo abandono y tenían una apariencia y un aspecto asqueroso. **5.** Sin embargo, me acerqué, pregunté por el precio y, seducido por su prodigiosa e inesperada baratura, compro muchísimos libros por poco dinero y los hojeo todos rápidamente en las dos noches siguientes; leyendo, de ahí entresaqué y anoté algunas cosas admirables y en general no tratadas por nuestros escritores y las esparcí en estos Comentarios, para que quien los lea no se descubra como totalmente inculto y *anēkoos* [ignorante] en lecturas públicas de este tipo de cosas. **6.** Pues en aquellos libros estaban escritas cosas de esta clase: (...) **9.** De la misma manera, que en las montañas del territorio indio hay hombres con cabezas caninas y ladradoras y que se alimentan mediante la caza de aves y animales salvajes; y que en los confines de Oriente hay otros prodigios, hombres que se llaman *monocoli* [de una única pierna], que corren a saltos con una sola pierna a muy alta velocidad; y que hay también otros sin cuello, que tienen los ojos en los hombros. (...) **11.** Y que no lejos de ellos nacen los pigmeos, los más altos de los cuales no superan los dos pies y cuarto de altura[25].

T20. Galeno, *Comentario de* Las epidemias *de Hipócrates*, 6.3.13 (Kühn XVIIb, 33 = CMG V 10, 2, 2 p. 141 1.1)

No hay forma de descubrir a quiénes llama casposos, a menos que se lean los libros de los médicos antiguos no solo como historia, como los de Heródoto y Ctesias, sino para saber algo más de las actividades de la práctica médica.

---

[25] Traducción del latín.

Fragmentos
Historias de Persia de Ctesias de Cnido

1. HISTORIAS DE ASIRIA

F1a. Eusebio, *Cronografía* p. 28, 28-29, 3 Karst

<Informe> del historiador Cefalión sobre el reino de Asiria. «Empiezo a escribir sobre algo de lo que han hecho mención también otros: primero, Helánico de Lesbos y Ctesias de Cnido; luego, Heródoto de Halicarnaso. En primer lugar, mandaban sobre Asia los asirios, entre los cuales estaba Nino, hijo de Belo, bajo cuyo gobierno se lograron muchas cosas y tremendas hazañas». A continuación, informa sobre los orígenes de Semíramis, Zaravisto el mago, su guerra contra el rey de los bactrianos[1], su derrota por Semíramis y los años del reinado de Nino, cincuenta y dos años, así como sobre su final[2].

F1b. Diodoro de Sicilia, *Biblioteca Histórica*, 2.1.4-28

Auge del Imperio asirio

Conquistas del rey Nino de Asiria

1. (…) (4) Antiguamente hubo en Asia reyes nativos, de quienes no se recuerda ni acciones distinguidas ni nombre.

---

[1] En la narración de Ctesias aparece a menudo Bactria como un territorio importante. De hecho, posteriormente será una satrapía del Imperio aqueménida cuyo gobierno será encargado al heredero o al segundo en la línea de sucesión (M. García Sánchez, «The Second after the King and Achaemenid Bactria on Classical Sources», en B. Antela-Bernárdez y J. Vidal [eds.], *Central Asia in Antiquity: Interdisciplinary Approaches,* Oxford, 2014, pp. 37-43).

[2] Traducción indirecta del armenio a través del alemán.

Pero el primero de los transmitidos a la historia y al recuerdo, Nino, rey de Asiria, llevó a cabo grandes acciones, cuya historia intentaremos poner por escrito en detalle. Siendo por naturaleza guerrero y fanático del valor, dio armas a los jóvenes más fuertes; entrenándolos durante bastante tiempo, los hizo acostumbrarse a cualquier sufrimiento y a los peligros de la guerra. (5) Reunió un ejército considerable y estableció una alianza con Arieo, rey de Arabia[3], que en aquellos tiempos parecía estar llena de hombres valerosos. (…) (7) Entonces, el rey Nino de Asiria, después de asociarse con el que detentaba el poder en Arabia, emprendió una campaña con una fuerza numerosa contra los babilonios, que vivían en un territorio colindante –en aquellos tiempos la que ahora es Babilonia no había sido fundada y en Babilonia había otras ciudades importantes–. Sometió fácilmente a los nativos porque no tenían experiencia en los peligros de la guerra, les impuso pagar tributos fijos cada año[4], tomó como cautivo al rey de los vencidos, junto con sus hijos, y lo mató. (8) Después, tras invadir Armenia[5] con tropas numerosas y destruir algunas ciudades, causó impacto entre los lugareños. Por eso, su rey Barzanes[6], viendo que no era capaz de combatir, le salió al encuentro con muchos regalos y dijo que haría todo lo que se le ordenara. (9) Nino lo trató con generosidad y acordó que gobernara sobre Armenia y que, en calidad de amigo, enviara un contingente y financiación para su ejército. Mientras su poder siempre crecía más, fue a la guerra contra Media[7]. (10) Su rey Farno libró batalla con una fuerza considerable y fue derrotado, perdió a la mayoría de los soldados y él mismo,

---

[3] No conocemos a ningún rey de los árabes con ese nombre.
[4] A veces se confunden las acciones de Nino y, sobre todo, de Semíramis con las de los reyes aqueménidas. Su historia se mezclará con elementos novelescos y de leyenda (W. Nagel, *Ninus und Semiramis in Sage und Geschichte: Iranische Staaten und Reiternomaden vor Darius I*, Berlin 1982; K. Droß-Krüpe, *Semiramis, de qua innumerabilia narrantur. Rezeption und Verargumentierung der Königin von Babylon von der Antike bis in die opera seria des Barock*, Wiesbaden, 2021, 24-39). En el Imperio aqueménida el tributo será una de las medidas fiscales implantadas por Darío I a cada una de las satrapías o divisiones territoriales del imperio.
[5] Reino conocido entre los asirios como Urartu y muy poderoso entre los siglos IX y VII a.C.
[6] Este rey no aparece en ninguna otra fuente.
[7] Media acabará siendo uno de los territorios sobre los que se fundará el Imperio aqueménida. Las tradiciones medas jugarán un papel determinante en la creación de la ideología real aqueménida y su capital Ecbatana será también una de las capitales del Imperio persa, en concreto la capital de verano.

después de ser tomado como cautivo junto con sus siete hijos y su mujer, fue empalado.

2. (1) Mientras los asuntos de Nino progresaban así, tuvo un deseo de someter toda Asia entre el Tanais y el Nilo[8]. (…) Por eso, nombró sátrapa de Media a uno de los amigos de su entorno y él mismo fue contra los pueblos de Asia para someterlos; y, pasados diecisiete años, se convirtió en señor de todos los demás, excepto de los indios y bactrianos. (2) Ningún historiador ha puesto por escrito las batallas, una por una, o el número de todos los vencidos, pero intentaremos recorrer brevemente, siguiendo a Ctesias de Cnido, los pueblos más señalados. (3) De la costa y del territorio contiguo sometió Egipto, Celesiria, Fenicia, Panfilia y Licia y, además, Caria, Frigia, Misia y Lidia, y se anexionó Tróade, Frigia Helespóntica, Propóntide, Bitinia y Capadocia, así como los pueblos bárbaros que habitan en el Ponto hasta el Tanais; dominó la tierra de los cadusios, de los tapiros y también de los hircanios y drancos; y además, la de los derbicos, carmanios, corasmios, borcanios y partos. Fue contra Persia, Susiana y la llamada Caspiana, cuyos accesos son muy estrechos, por lo cual se llaman también Puertas Caspias[9]. (4) Se anexionó asimismo muchos otros pueblos menos importantes, pero hablar sobre ellos sería prolijo. Al ser Bactria de difícil acceso y tener multitud de guerreros, cuando Nino fracasó pese a haberse esforzado mucho, aplazó la guerra contra los bactrianos para otra ocasión y, tras retirar sus fuerzas a Asiria, eligió un lugar conveniente para la fundación de una gran ciudad.

Fundación de Nínive

3. (1) Como había realizado acciones mucho más brillantes que los que le precedieron, se esforzó en fundar una ciudad tan impresionante por su tamaño que no solo fuera la más grande de todas las que había entonces sobre la tierra habitada, sino que ni siquiera pudiera superarlo fácilmente ningún otro de sus

---

[8] Los ríos Tanais (actualmente el Don) y el Nilo marcaban para los griegos las fronteras de Asia (Hdt. 4.45; Str. 1.4.7).

[9] Buena parte de estos territorios constituirán posteriormente satrapías del Imperio aqueménida. Es obvio que Ctesias cae en el anacronismo. Las Puertas Caspias son actualmente el desfiladero de Sirdara, a unos 80 km al sureste de Teherán.

sucesores, aun proponiéndoselo. (2) Tras honrar al rey de Arabia con regalos y un botín magnífico lo licenció, enviándolo a casa con su ejército. Él mismo reunió fuerzas de todas partes y suministros de todo lo necesario y fundó a orillas de Éufrates una ciudad bien amurallada, dándole forma oblonga. La ciudad tenía ciento cincuenta estadios de largo y noventa de ancho. (3) Por eso, porque todo el contorno estaba compuesto por cuatrocientos ochenta estadios[10], Nino no se vio defraudado en su expectativa. En efecto, nadie fundó posteriormente una ciudad tan impresionante por la longitud de su contorno ni por la grandeza de su muralla. La muralla tenía una altura de cien pies y su anchura era suficiente para tres carros y apta para caballos; y todas las torres eran mil quinientas en número y tenían una altura de doscientos pies. (4) En la ciudad instaló a la mayoría de los asirios, también a los más poderosos, y de los demás pueblos, a los que quisieron. Puso a la ciudad Nino por su propio nombre y, en beneficio de los pobladores, incluyó dentro de sus límites mucho territorio vecino.

Nacimiento, infancia y juventud de Semíramis

4. (1) Puesto que, después de esta fundación, Nino hizo campaña contra Bactria, donde se casó con Semíramis[11], la más brillante de todas las mujeres de las que tenemos noticia, hay que hablar primero sobre ella, cómo desde unas circunstancias humildes se elevó a tan impresionante gloria. (2) En Siria hay una ciudad, Ascalón, y no lejos de ella, un lago grande y profundo, lleno de peces, junto al cual está un recinto de una famosa diosa a la que los sirios llaman Derceto[12]. Ella tiene cara de mujer, pero todo el resto del cuerpo de pez, por el siguiente motivo: (3) Los nativos más cultos cuentan que Afrodita, disgustada con la mencionada diosa, le infundió una pasión terrible por un

---

[10] Por convención, supondremos que Ctesias utiliza el sistema de medida ático, es decir, un estadio = 177,7 metros. Contaríamos así con un perímetro de 85,3 km. Es una cifra sin duda hiperbólica.
[11] La reina asiria Sammuramat, esposa del rey Šamšī-Adad V (823-811 a.C.) y regente del heredero Adad-nârârî III entre 810-805 a.C. Su figura será la prueba irrefutable para el mundo clásico de que en Asia es costumbre que las mujeres puedan gobernar sobre los hombres (Arr., *An.* 1.2.7).
[12] La diosa Atargatis, también conocida como la «diosa siria».

guapo jovencito, uno de los que hacían sacrificios. Derceto mantuvo relaciones sexuales con el sirio, dio a luz una hija y, avergonzada de sus errores, hizo desaparecer al muchachito y abandonó a la niñita en un sitio desierto y pedregoso [donde, como solía anidar una gran multitud de palomas, el bebé obtuvo milagrosamente alimento y salvación][13]. Ella, por vergüenza y dolor, se lanzó al lago y sufrió la transformación de su cuerpo en pez. Por eso, los sirios hasta ahora se abstienen de este animal y veneran a los peces como dioses. (4) Como alrededor del sitio donde el bebé fue expuesto anidaba multitud de palomas, la criaturita fue alimentada por ellas por un milagro y voluntad divina: unas, rodeando el cuerpo del bebé con las alas, lo calentaban por todas partes, mientras otras, siempre que observaban que los boyeros y los demás pastores <estaban lejos>, llevando en la boca[14] leche de las granjas más cercanas, la alimentaban metiéndosela, gota a gota, entre los labios. (5) Cuando la niñita cumplió un año y necesitó comida más sólida, las palomas, picoteando de los quesos, le proporcionaban suficiente alimento. Los pastores, cuando volvieron y vieron que los quesos estaban mordisqueados en los bordes, se quedaron sorprendidos ante el extraño suceso; y, tras observar y comprender la causa, encontraron al bebé, que era extraordinario por su belleza. (6) Se lo llevaron a la granja y se lo regalaron al encargado de los rebaños reales, cuyo nombre era Simas[15]. Él, como no tenía hijos, crio a la niñita como a una hijita con todo el cuidado, poniéndole de nombre Semíramis, que, en el idioma sirio, deriva de la palabra para las palomas, a las cuales desde aquellos tiempos todos en Siria continúan venerando como diosas.

5. (1) Lo que se cuenta sobre el nacimiento de Semíramis es más o menos esto. Cuando ella ya había alcanzado la edad del matrimonio y por su belleza destacaba mucho entre las demás

---

[13] El texto entre corchetes es probablemente una interpolación.

[14] O, según otra lectura, "en el cuerpo".

[15] Nada sabemos sobre este Simas, pero este tipo de leyendas reales sobre expósitos salvados por animales tenían una larga tradición en el mundo indoeuropeo –como también Rómulo y Remo– y, por tanto, en el mundo iranio, leyendas que se nutrieron en un viejo trasfondo oriental. Curiosamente, como Ciro, el fundador del Imperio aqueménida, Semíramis también había sido criada por unos pastores, un mitema que aparece también en la tradición épica (G. Widengren, «La légende royale de l'Iran Antique», en *Hommages à Georges Dumézil, Latomus* 45, 1960, pp. 225-237, 227 y 237).

chicas, un gobernador fue enviado de parte del rey para inspeccionar los rebaños reales. Se llamaba Ones[16] y era primer miembro del consejo real y gobernador designado de toda Siria. Él, mientras se alojaba en casa de Simas, contempló a Semíramis y quedó cautivado por su belleza. Por ello, tras suplicar insistentemente a Simas que le diera a la chica en legítimo matrimonio, se la llevó consigo a Nino y, después de casarse, engendró dos hijos: Hiapates e Hidaspes[17]. (2) Como Semíramis tenía también las demás cualidades en consonancia con la hermosura de su aspecto, ocurrió que su marido se convirtió en su esclavo y, al no hacer nada sin el asesoramiento de su mujer, tuvo bastante éxito en todo[18].

Expedición contra Bactria

(3) Por esta época, cuando completó la fundación de la ciudad que llevaba su nombre, el rey se puso a hacer la campaña contra los bactrianos. Consciente de la cantidad y el valor de estos hombres y, además, de que el país tenía muchos lugares inaccesibles por su fuerte posición natural, reclutó un ejército muy numeroso entre todos los pueblos bajo su autoridad. Puesto que había fracasado en la expedición previa, se esforzó en presentarse en Bactria con una fuerza varias veces superior. (4) Una vez reunido el ejército de todas partes, su número, según escribía Ctesias en sus historias, ascendió a un millón setecientos mil soldados de infantería, doscientos diez mil de caballería y un poco menos de diez mil seiscientos carros armados con hoces (...)[19].

---

[16] Personaje desconocido.

[17] Se trata de dos antropónimos persas.

[18] Es habitual en el imaginario griego presentar a los soberanos asiáticos u orientales como marionetas en manos de sus mujeres. Los persas aqueménidas, como puede leerse en el mismísimo Ctesias con Artajerjes II y la influencia de su madre Parisátide, no escaparon a ese cliché (J. Auberger, «Ctésias et les femmes», *DHA* 19/2, 1993, pp. 253-272; M. Brosius, *Women in Ancient Persia (559-331 BC)*, New York 1996; M. García Sánchez, «Miradas helenas de la alteridad: la mujer persa», en C. Alfaro Giner, M. García Sánchez y M. Alamar Laparra [eds.], *Actas del Tercer y Cuarto Seminarios de Estudios sobre La Mujer en la Antigüedad (Valencia, 28-30 de Abril, 1999 y 12-14 de Abril, 2000)*, Valencia, 2002, pp. 45-76).

[19] La hipérbole es un recurso constante en la descripción de los contingentes orientales. Desde Heródoto a los Historiadores de Alejandro, un creí-

6. (1) Nino, tras emprender la campaña contra Bactria con una fuerza tan grande, se veía obligado a conducir su ejército por unidades, porque la zona era de difícil acceso y había desfiladeros. (2) La tierra de Bactria, que estaba habitada en muchas ciudades grandes, tenía una muy famosa, donde precisamente estaba la residencia real. Esta se llamaba Bactra y, por su tamaño y la fortaleza de su ciudadela, destacaba mucho entre las demás. Exaortes, que era su rey, alistó a todos los que estaban en edad militar, los cuales, reunidos, alcanzaron la cantidad de cuatrocientos mil. (3) Tomó sus tropas, salió al encuentro de los enemigos en las vías de entrada y permitió a una unidad del ejército de Nino hacer un ataque; cuando le pareció que una cantidad suficiente de enemigos había bajado a la llanura, dispuso sus propias fuerzas en orden de combate. Se produjo una dura batalla y los bactrianos, tras poner en fuga a los asirios y continuar la persecución hasta las montañas que estaban arriba, aniquilaron alrededor de cien mil enemigos. (4) Pero, después, una vez que todo el ejército de Nino había penetrado en el país, superados en número, se retiraron a sus ciudades, para ayudar cada uno a su patria. Nino tomó con facilidad las otras, pero no era capaz de capturar Bactra por asalto, debido a su excelente fortificación y las provisiones que contenía. (5) Como el asedio se prolongaba durante mucho tiempo, el marido de Semíramis, que estaba apasionadamente enamorado de su mujer y hacía campaña con el rey, la hizo venir. Ella, dotada de inteligencia, osadía y los otros atributos que contribuyen a la distinción, aprovechó una ocasión para demostrar su valor. (6) Primero, como tenía la intención de hacer un viaje de muchos días, se hizo un vestido con el cual no era posible distinguir si quien lo llevaba era hombre o mujer. Este traje era conveniente en el trayecto bajo el calor ardiente del sol, para la protección de la piel de su cuerpo y para la utilidad de hacer lo que quisiera, y era cómodo y juvenil. En definitiva, le aportaba tanta gracia que posteriormente los medos, cuando se hicieron los jefes de Asia, llevaban el vestido de Semíramis y después los persas,

---

ble y verosímil número de valientes soldados griegos se enfrentará a ingentes y abigarrados ejércitos persas (M. García Sánchez, «La soberbia de Jerjes: un ejército plurinacional y multiétnico», en F. Echeverría Rey, A. J. Domínguez Monedero, C. Fornis Vaquero, J. Pascual y L. Sancho Rocher [eds.], *Jerjes contra Grecia: la Segunda Guerra Médica, 2500 años después,* Barcelona, 2022, pp. 185-200).

igual[20]. (7) Llegó a Bactria y observó la situación del asedio. Veía que había habido incursiones en las llanuras y los lugares fácilmente accesibles, pero que nadie había atacado la ciudadela por su robustez y que los de dentro habían dejado sus puestos de guardia allí e ido a prestar ayuda adicional a quienes corrían peligro junto a las murallas de abajo. (8) Por eso, tomó consigo a los soldados acostumbrados a escalar, subió con ellos por un escarpado barranco, capturó una parte de la ciudadela y les hizo señales a los que estaban sitiando la muralla a lo largo de la llanura. Los de dentro, impactados por la toma de la fortaleza, abandonaron las murallas y desistieron de salvarse. (9) Cuando la ciudad fue capturada de este modo, el rey, lleno de admiración por el valor de la mujer, primero la honró con grandes regalos, pero después, apasionadamente enamorado de la belleza de la persona en cuestión, intentó convencer a su marido de que se la cediera voluntariamente, declarando que, a cambio de este favor, podría casarse con su propia hija Susana. (10) Al tomarlo a mal el marido, Nino amenazó con sacarle los ojos por no obedecer servicialmente sus órdenes. Ones, en parte porque temía las amenazas del rey y en parte por la pasión, cayó en una especie de rabia y locura, se puso una cuerda alrededor del cuello y se ahorcó. Por tales motivos, Semíramis alcanzó el manto real.

Subida al poder de Semíramis, fundación
y descripción de Babilonia

7. (1) Nino se apoderó de los tesoros en Bactra, que contenían mucha plata y oro, puso en orden la situación en Bactria y licenció sus fuerzas. Después, tras engendrar con Semíramis un

---

[20] Los soldados persas vestirán influenciados por la moda elamita, mesopotámica o, especialmente, por la meda. Según Heródoto (1.71.2; 1.135; 6.62.1), los persas habrían sustituido su vestimenta por la de los medos al menos desde la época de Darío I, algo que para Jenofonte (Cyr. 1.3.2, 8.1.40) se habría producido con Ciro el Grande, cuando dejaron de usar la túnica aqueménida por la de tipo medo, con pantalones y manto, torques de cuello y brazaletes. El carácter multiétnico del ejército aqueménida mostraba un extenso catálogo de trajes polícromos y de armas, con tiaras, túnicas y mantos (*kantush*) azules y púrpura, con pantalones (*anaxyrídes*) de cuero, jaspeados y veteados. Esa representación de los soldados orientales llegará también a la iconografía cerámica griega (S. Bittner, *Tracht und Bewaffnung des persischen Heeres zur Zeit der Achaimeniden*, München, 1985).

hijo, Ninias, murió, dejando a su mujer como reina. Semíramis enterró a Nino en el palacio real y erigió alrededor de él un túmulo gigantesco, de nueve estadios de alto y diez de ancho, según dice Ctesias. (2) Como la ciudad se extendía por la llanura a orillas del Éufrates, el túmulo era visible desde muchos estadios de distancia, como si fuera una acrópolis. Dicen que se conserva hasta ahora, aunque Nino fue arrasada por los medos, cuando derrocaron el Imperio asirio[21]. Semíramis, que era propensa a los grandes planes por naturaleza y tenía la ambición de superar en gloria a su predecesor, se propuso fundar una ciudad en Babilonia[22]. Después de escoger a los arquitectos y artesanos, provenientes de todas partes, y hacer además el resto de los preparativos, reunió dos millones de hombres de todo el reino para la finalización de las obras. (3) Desvió el río Éufrates hacia el centro de la ciudad y la rodeó con una muralla de trescientos sesenta estadios, jalonada de torres grandes y sólidas. La escala de los trabajos era tan impresionante que la anchura de las murallas era suficiente para seis carros y apta para caballos, y su altura, increíble para quienes la oigan, según dice Ctesias de Cnido. Pero, según escribieron Clitarco[23] y algunos de los que posteriormente pasaron con Alejandro a Asia[24], la altura era de trescientos sesenta y cinco estadios; y añaden que ella tenía la ambición de que tuviera el mismo número de estadios que días hay en un año. (4) Pegando los ladrillos cocidos con brea, erigió una muralla de cincuenta brazas de alto, según afirma Ctesias, o de cincuenta codos, según escribieron algunos historiadores más recientes y la anchura, suficiente para más de dos carros y apta para caballos; las torres eran doscientas cincuenta en número, con una altura de sesenta <brazas> o, según

---

[21] El final del Imperio asirio a manos de los medos se produjo en el 612 a.C. con la caída de Nínive.

[22] La descripción de la fundación de Babilonia parece responder más a las obras emprendidas en la época neobabilónica por Nabopolasar (626-606 a.C.) y Nabucodonosor II (605-563), una vez Babilonia recuperó su independencia de los asirios (R. Da Riva, *Babilonia. Una Introducción a su historia más reciente [900-539 A.C.]*, Barcelona, 2022).

[23] Uno de los historiadores que narró hacia el 300 a.C., más o menos novelescamente, las gestas y hazañas de Alejandro Magno y su campaña de conquista del Imperio aqueménida. El padre de Clitarco, Dinón de Colofón, fue otro autor de *Historias de Persia* o *Persiká* hacia mediados del siglo IV a.C. (D. Lenfant, *Les Histoires perses de Dinon et d'Héraclide. Fragments* édités, *traduits et commentés,* París, 2009).

[24] Asia es la denominación de Oriente en el imaginario griego.

escribieron algunos historiadores más recientes, sesenta codos[25]. (5) No es necesario preguntarse con sorpresa si, pese al
tamaño impresionante del contorno establecido, ella erigió pocas torres; pues, estando la ciudad en gran parte rodeada de
marismas, por esa parte no le pareció conveniente construir
torres, porque la naturaleza de las marismas proporcionaba una
posición natural suficientemente fuerte. Entre las casas y las
murallas había dejado un camino de dos pletros de ancho[26].

8. (1) Para acelerar la construcción de estas obras, midió y
distribuyó un estadio a cada uno de sus amigos, les dio suficiente material para ello y les ordenó que pusieran fin a los trabajos
en un año. (2) Después de que ellos realizaran el encargo con
mucho afán, aprobó su munificencia y ella misma erigió un
puente de cinco estadios de longitud sobre la parte más estre-
cha del río, haciendo bajar hábilmente al lecho del río los pilo-
tes, que estaban colocados a intervalos de doce pies unos de
otros. Sujetó las piedras ensambladas con grapas de hierro y
rellenó sus juntas, vertiendo plomo fundido en ellas. Por el lado
que encara la corriente construyó y añadió a los pilares unos
tajamares que hacían que el flujo se dividiera describiendo una
curva y se uniera poco a poco hasta la parte ancha del pilar, de
modo que los bordes de los tajamares cortasen la bajada de la
corriente y que los lados redondeados, cediendo a la fuerza de
la corriente, suavizaran el empuje del río. (3) El puente, cuyo
suelo estaba cubierto con vigas de madera de cedro y ciprés y
enormes troncos de palmera y tenía treinta pies de ancho, no
parecía inferior a ninguna de las obras de Semíramis en cuanto
a ingeniería. Desde cada lado del río erigió un suntuoso muelle,
de anchura muy parecida a la de las murallas y de ciento sesenta
estadios de longitud. Construyó también dos palacios reales a
orillas del mismo río, a cada uno de los extremos del puente,
desde los cuales tenía la intención de inspeccionar toda la ciudad y, a la vez, de tener, por decirlo así, las llaves de los lugares
estratégicos de la ciudad. (4) Como el Éufrates corría por en
medio de Babilonia y descendía hacia el sur, uno de los palacios
reales miraba a oriente y el otro, a occidente. Y erigió los dos
muy suntuosamente. Para el palacio que estaba en el oeste hizo

---

[25] Respectivamente, 107 m y 26 m.
[26] 60 m.

el primer contorno de sesenta estadios, fortificado con altas y muy suntuosas murallas de ladrillo cocido; y, dentro de este, erigió un segundo contorno circular, a lo largo del cual, en los ladrillos todavía crudos, pintó animales de todas clases, que imitaban la realidad gracias al manejo artístico de los colores. (5) Este contorno tenía cuarenta estadios de largo, trescientos ladrillos de ancho y cincuenta brazas de alto, según dice Ctesias, y la altura de las torres era de setenta brazas. (6) Erigió un tercer contorno, más interior, el cual rodeaba una ciudadela, cuyo perímetro era de veinte estadios, superando en longitud y anchura la construcción de la muralla del medio. En las torres y en las murallas había animales salvajes de todas clases, reproducidos hábilmente mediante los colores y la imitación de las formas; el conjunto se hizo como una escena de caza que estaba llena de fieras de todas las especies[27], cuyo tamaño era mayor de cuatro codos. En ellos se hizo reproducir Semíramis arrojando una jabalina a un leopardo desde un caballo y, junto a ella, su marido Nino golpeando un león con una lanza, arrojada desde su mano. (7) Colocó una triple puerta, a través de la cual se accedía a unas salas de bronce, y que se abría mediante un mecanismo. Este palacio real, por su tamaño y construcción, superaba en mucho al que había en la otra orilla del río. En efecto, aquel tenía un contorno de muralla de treinta estadios de ladrillo cocido y, en vez de los animales artísticamente reproducidos, tenía imágenes de bronce de Nino, Semíramis y los gobernadores y, además, de Zeus, a quien los babilonios llaman Belo[28]. Había también escenas de batalla y de caza de todas clases, que proporcionaban un colorido deleite para el espíritu a quienes las contemplaban.

9. (1) Después, eligió el lugar más bajo de Babilonia, hizo un estanque cuadrado, cada uno de cuyos lados tenía trescientos estadios, construido de ladrillo cocido y brea, y con una profun-

---

[27] Las actividades cinegéticas formarán parte de la educación de los aristócratas persas y la iconografía de escenas de caza es un lugar común en el arte del Próximo Oriente antiguo (W. Knauth, *Das altiranische Fürstenideal von Xenophon bis Ferdousi,* Wiesbaden, 1975). Los persas aqueménidas se ejercitarán en la caza en cotos cerrados, parques o paraísos (M. García Sánchez, «Los jardines del Gran Rey de Persia», en L. Pons Pujol [coord.], *Paradeisos. Horti. Los jardines de la Antigüedad,* Barcelona, 2020, pp. 65-82).

[28] Del acadio *Bel* (Señor). Se trata del dios babilónico Marduk que los griegos, siguiendo la habitual *interpretatio graeca,* asimilaron a Zeus.

didad de treinta y cinco pies[29]. (2) Después de desviar el río hacia el estanque, excavó un pasadizo desde un palacio hasta el otro. Construyó también las cámaras de ladrillo cocido y las recubrió ligeramente por cada lado con brea hervida hasta que el recubrimiento alcanzó un espesor de cuatro codos. Las paredes del pasadizo eran de veinte ladrillos de espesor, de doce pies de alto, sin contar el arco de la bóveda, y quince pies de ancho. (3) Cuando estuvo excavado el pasadizo al cabo de siete días, restituyó el río a su curso previo de modo que, como la corriente iba por encima del pasadizo, Semíramis pudiera cruzar de un palacio real al otro sin atravesar el río. A cada extremo del pasadizo colocó también puertas, que se conservaron hasta el Imperio persa[30]. (4) Después, en el centro de la ciudad erigió un templo de Zeus[31], a quien los babilonios, como hemos dicho, llaman Belo. Como los historiadores han discrepado sobre él y la construcción se derrumbó a consecuencia del tiempo, no es posible describirlo con exactitud. Pero están de acuerdo en que fue excesivamente alto y en que los caldeos[32] hicieron en él las observaciones de los astros, contemplando exactamente las salidas y ocasos gracias a la altura de la construcción[33]. Cuando el edificio estuvo fabricado con gran habilidad y suntuosidad, de brea y ladrillo, erigió en la terraza superior tres estatuas cinceladas de oro, de Zeus, Hera y Rea[34]. De ellas, la de Zeus estaba de pie, con las piernas separadas, y tenía una altura de cuarenta pies y un peso de mil talentos babilónicos[35]. La de Rea estaba sentada sobre un trono de oro, tenía el mismo peso que la que acabamos de mencionar y, a la altura de sus rodillas, es-

---

[29] 53 km de lado y 10,5 de profundidad aproximadamente. Las cifras vuelven a ser inverosímiles.

[30] En referencia al Imperio persa aqueménida, fundado por Ciro el Grande en el 550 a.C., que llegó a su ocaso con la conquista de Alejandro y la muerte de Darío III Codomano en 330 a.C.

[31] Por *interpretatio graeca* Zeus sería Ahura Mazda o el 'Sabio Señor' de la religión mazdeísta.

[32] Si bien en un primer momento el etnónimo "caldeos" hacía referencia a la tribu semítica que se instaló en el sur de Babilonia a principios del primer milenio a.C., para los griegos hacía referencia a los sacerdotes babilónicos que destacaban por su dominio de la magia, la adivinación, la astronomía y la astrología.

[33] En referencia a un zigurat como punto de observación astronómica.

[34] Si bien Heródoto (1.181) apunta a que los caldeos no erigían estatuas a sus dioses, podríamos identificar a Zeus con Marduk, Hera con Sarpanitu, esposa de Marduk, y Rea con Cíbele o Ishtar.

[35] Aproximadamente 30 toneladas.

taban en pie dos leones y, al lado, unas enormes serpientes de plata, cada una de las cuales pesaba treinta talentos[36]. (6) La estatua de Hera estaba de pie, tenía un peso de ochocientos talentos[37], asía con la mano derecha una serpiente por la cabeza y con la izquierda, un cetro incrustado de piedras preciosas. (7) Al alcance de todas estas estatuas había una mesa común de oro cincelado, que tenía una longitud de cuarenta pies, una anchura de quince y un peso de quinientos talentos; encima, había dos copas de treinta talentos[38]. (8) Había también incensarios en igual número, con un peso cada uno de trescientos talentos[39] y, asimismo, tres cráteras de oro. De ellas, la de Zeus pesaba mil doscientos talentos babilónicos y cada crátera de las otras diosas, seiscientos. (9) Pero los reyes persas posteriormente saquearon estos objetos. (…)

Obras de Semíramis en Media y otros lugares de Asia

13. (1) Semíramis, cuando puso fin a las obras, marchó a Media con numerosas tropas. Al llegar al monte llamado Bagistán[40], acampó cerca y erigió un paraíso[41], que tenía un perímetro de doce estadios, estaba en una llanura y tenía una fuente grande, mediante la cual ocurría que se regaba el vergel. (2) El monte Bagistán está consagrado a Zeus, en el lado que da al paraíso tiene una pared escarpada de roca que se eleva hasta una altura de diecisiete estadios. Después de pulir la parte infe-

---

[36] Aproximadamente 900 kilos.
[37] Aproximadamente 24 toneladas.
[38] Aproximadamente 900 toneladas (Hdt. 1.181).
[39] Aproximadamente 9 toneladas. Los incensarios serán una insignia real que aparece, por ejemplo, en el relieve del tesoro de Persépolis con Jerjes flanqueando a Darío.
[40] El monte Bagistán sería el monte Behistún o 'morada de los dioses'. Un pasaje de Diodoro de Sicilia (2.13.1-4) relaciona dicha montaña y sus inscripciones con la reina Semíramis, con la que, como hemos dicho, se mezclan hazañas de los monarcas aqueménidas. Sobre la reina y la morada de los dioses del Bagastán, E. D. Philipps, «Semiramis at Behistum», *C&M* 29, 1972, pp. 162-168.
[41] Los parques de caza eran los famosos paraísos, *llenos de todas las cosas bellas y buenas que suele producir la tierra* (X., *Oec.* 4.13) y una pequeña miniatura de los dones del imperio en los que los aqueménidas aclimataban especies animales y vegetales. Paraíso es de las pocas palabras del persa antiguo que pasaron al griego antiguo y, por influencia bíblica, a todas las lenguas (M. García Sánchez, «Los jardines del Gran Rey de Persia», cit.).

rior, grabó su propia imagen, colocando cien lanceros al lado. Inscribió en la piedra, en letras sirias[42], que Semíramis apiló en la llanura las albardas de los animales de tiro que seguían al ejército y, gracias a ellas, escaló el mencionado peñasco hasta la cima. (3) Desde allí, reanudó la marcha, llegó a la ciudad de Cavón[43] en Media y observó, en una llanura elevada, una roca impactante por altura y tamaño. Allí erigió otro paraíso enorme, después de aislar en el centro la roca, sobre la cual levantó edificaciones muy suntuosas diseñadas para el lujo, desde las cuales se contemplaban los vergeles en el paraíso y todo el ejército desplegado en la llanura. (4) Pasó en este lugar largo tiempo, disfrutó de todos los lujos y no quiso casarse legalmente. Como era discreta, nunca fue privada del poder, pero, después de escoger a los soldados más apuestos, se acostaba con ellos y hacía desaparecer a todos los que habían tenido intimidad con ella. (5) Después, continuó la marcha hacia Ecbatana[44], llegó a la cadena montañosa denominada Zarqueo[45]. Esta se extendía durante muchos estadios, estaba llena de peñascos y barrancos y el recorrido para rodearla es largo. Semíramis tenía la ambición de dejar un monumento conmemorativo inmortal y, a la vez, de acortar el camino[46]. Por eso, después de derribar los peñascos y rellanar las grietas, construyó un camino corto y muy suntuoso, que sigue llamándose hasta ahora de Semíramis. (6) Al llegar a Ecbatana, una ciudad situada en una llanura, erigió en ella un palacio real muy suntuoso[47] y dedicó una atención extraordinaria al lugar en lo demás; como era una ciudad sin agua y no había ninguna fuente cerca, proporcionó suministro de agua, trayendo mucha y muy buena agua con mucho sufrimiento y gasto[48]. (7) A unos doce estadios de Ecbatana hay un

---

[42] Se refiere a los caracteres cuneiformes.

[43] Ciudad desconocida.

[44] Behistún está en camino de Babilonia a Ecbatana.

[45] Quizás la cordillera del Zagros en Irán.

[46] Uno no puede dejar de rememorar la inscripción del relieve de Darío I en Behistún. Ctesias mezcla hazañas de Darío I con las de la reina Semíramis, como hemos dicho, algo habitual en el imaginario griego.

[47] Los palacios orientales, en general, y los de los Gran Reyes aqueménidas, en particular, despertarán la imaginación de los autores clásicos como espacios de lujo y molicie.

[48] Los persas aqueménidas construyeron grandes infraestructuras de canalización de agua mediante canales o qanāts (Plb. 10.28.2-6) que recorrían centenares de kilómetros para trasportar tal bien preciado a las ciudades (P. Briant [ed.], *Irrigation et drainage dans l'Antiquité, qanāts et canalisations sou-*

monte que se llama Orontes[49], que destaca por su escabrosidad y la altura que alcanza, ya que la pendiente en línea recta hasta la cima sería de veinticinco estadios. Como al otro lado había un lago grande que desagua en un río, ella horadó el citado monte hasta el pie. (8) El canal tenía una anchura de quince pies y una altura de cuarenta. A través de él, desvió el río que salía del lago y llenó la ciudad de agua. Esto es lo que hizo en Media.

14. (1) Después, recorrió Persia y todos los demás territorios de Asia que gobernaba; tras horadar por todas partes los montes y las rocas escarpadas, ella construyó caminos muy suntuosos e hizo montículos en las llanuras, erigiendo unas veces tumbas para los generales muertos y otras fundando ciudades en las tierras altas. (2) Solía erigir pequeños montículos en los campamentos militares, desde los cuales, tras instalar su propia tienda[50], inspeccionaba todo el campamento. Por eso, por toda Asia se conservan hasta ahora sus construcciones y se llaman obras de Semíramis.

Semíramis en Egipto y Etiopía

(3) Después, recorrió todo Egipto y, tras someter la mayor parte de Libia, se dirigió al templo de Amón[51], para consultar al dios acerca de su propio final. Se dice que obtuvo un oráculo en el sentido de que desaparecería de entre los seres humanos y algunos pueblos por toda Asia le concederían honores imperecederos, cosa que sucedería en la época en la que su hijo Ninias conspirase contra ella. (4) Tras salir de allí, recorrió la mayor parte de Etiopía, la sometió y contempló las maravillas del terri-

---

terraines en Iran, en Égypte et en Grèce. Séminaire tenu au Collège de France sous la direction de Pierre Briant, Paris, 2001).

[49] Seguramente el macizo de Elvend, a los pies del cual está Ecbatana, la actual Hamadán.

[50] La tienda será entre los aqueménidas, quizás recordando su pasado nómada, un símbolo de la corte itinerante (P. Briant, «Le nomadisme du Grand Roi», *IA* 23, 1988, 253-273; Ch. Tuplin, «The Seasonal Migration of Achaemenid Kings: a Report on Old and New Evidence», en M. Brosius y A. Kuhrt [eds.], *Achaemenid History* XI. *Studies in Persian history: essays in memory of David M. Lewis,* Leiden, 1998, pp. 63-114).

[51] Dios egipcio asimilado por los griegos a Zeus y cuyo oráculo en Siwa fue visitado por Alejandro.

torio. Pues dicen que allí hay un lago cuadrado con un perímetro de unos ciento sesenta pies, cuya agua es de un color muy
parecido al cinabrio, pero cuyo olor es excesivamente dulce, no
diferente al del vino viejo, y que tiene una fuerza maravillosa:
afirman que quien la bebe cae en la locura y se acusa a sí mismo
de todas las faltas que ha cometido y que antes pasaban inad-
vertidas. Pero uno no podría estar de acuerdo fácilmente con
los que dicen estas cosas.

15. (1) Los de Etiopía hacen las tumbas de los muertos de
una manera peculiar. Pues embalsaman los cuerpos, echan mucho cristal de roca a su alrededor y los colocan de pie sobre una
estela, de modo que el cuerpo del muerto sea visible para los
que pasen al lado, como ha dicho Heródoto. (2) Pero Ctesias de
Cnido manifiesta que este Heródoto da rienda suelta a la imaginación[52], y él mismo afirma que el cuerpo es embalsamado,
pero que sin embargo no se echa cristal de roca alrededor de los
cuerpos desnudos, porque se quemarían y, al estar completamente estropeados, no podrían conservar el parecido. (3) Por
eso, se fabrica una estatua de oro hueca, dentro de la cual se
introduce el cadáver y se echa el cristal de roca alrededor de la
estatua. Cuando la estructura se coloca en la tumba, el oro, mol-
deado para parecerse al muerto, es visible a través del cristal.
Dice que los ricos se entierran así, mientras que los que dejan
tras de sí una fortuna menor consiguen una estatua de plata y
los pobres, de arcilla; pero que hay suficiente cristal de roca
para todos porque se produce muchísimo en Etiopía y abunda
entre los nativos. (…)

Expedición de Semíramis contra la India

16. (1) Semíramis puso en orden la situación en Etiopía y
Egipto, volvió con las tropas a Bactra en Asia. Puesto que tenía
numerosas fuerzas y había establecido una paz duradera, tuvo la
ambición de realizar una hazaña bélica. (2) Después de averi-

---

[52] Ctesias, que se muestra habitualmente crítico con Heródoto, siguió de
cerca el relato del historiador de Halicarnaso, pero lo completó con fuentes
babilonias. La tradición, sin embargo, ha ensalzado a Heródoto como padre de
la historia, mientras que la obra de Ctesias, injustamente, no se ha librado de la
sospecha de estar urdida de fantasía, mentira y exotismo.

guar que el pueblo indio es el mayor de la tierra habitada y ocu-
pa el territorio más extenso y hermoso, planeó hacer una expedición contra la India, sobre la que en aquellos tiempos reinaba
Estabrobates[53], que tenía una innumerable cantidad de soldados. También tenía elefantes[54], excesivamente numerosos, espléndidamente equipados con impactantes pertrechos de guerra (…) (4) (…) Cuando supo de ellos, Semíramis, pese a no
haber sufrido ninguna injusticia previa, se sintió impelida a hacer la guerra contra los indios. (5) Viendo que necesitaba fuerzas
excesivamente grandes, envió mensajeros a todos los campamentos, requiriendo a los comandantes que alistasen a los mejores jóvenes y fijando su número según el tamaño de los pueblos.
Ordenó a todos fabricar armaduras completas nuevas y presentarse con todos los demás en Bactra al cabo de tres años, espléndidamente equipados. (6) Hizo venir también a constructores
de barcos de Fenicia, Siria, Chipre y los demás territorios coste-
ros[55]. Después de traer abundante madera, les ordenó que cons-
truyeran embarcaciones fluviales desmontables. (7) Pues el río
Indo[56], que era el más caudaloso de la región y marcaba su frontera, precisaba muchas embarcaciones para cruzarlo y para de-
fenderse abordo de los indios. Como alrededor del río no había
madera, había que transportar las embarcaciones por tierra desde Bactria. (8) Al observar que se quedaba muy atrás en el uso
de elefantes, Semíramis tuvo la idea de †fabricar maniquíes con

---

    [53] Rey desconocido. La India ocupará un lugar destacado en los relatos
etnogeográficos griegos y el mismo Ctesias fue autor de unos *Indiká*. Puede
leerse la excelente edición de J. Antonio Álvarez-Pedrosa Núñez, *Relaciones
de la India*, Madrid, 2018. También K. Karttunen, *India in Early Greek Literature e India in the Hellenistic World*, Helsinki 1997 y M. Albaladejo Vivero, *La India en la literatura griega. Un estudio etnográfico*, Alcalá de Henares,
2005.
    [54] La presencia de elefantes en los ejércitos indios impactó y mucho en el
imaginario griego.
    [55] Si bien es verdad que los asirios contaron ya con contingentes fenicios
en sus ejércitos, aquí Ctesias señala las zonas del imperio que proveían de
navíos y sus hombres a la armada persa, creada en época de Cambises (H. T.
Wallinga, «The Ancient Persian navy and its predecessors», en H. Sancisi-
Weerdenburg [ed.], *Achaemedid History I. Sources, Structures and Synthesis*,
Leiden, 1987, pp. 66-72; «The invention of the trireme and the creation of the
Persian navy», en H. T. Wallinga, *Ships and Sea-Power before the great Persian
War*, Leiden 1993, pp. 103-129).
    [56] De nuevo la campaña de Semíramis estaría ocultando la histórica fija-
ción de la frontera oriental del Imperio aqueménida por Darío I en el río
Indo.

las peculiaridades†[57] de estos animales, con la esperanza de causar impacto entre los indios, porque ellos creían que no había elefantes en absoluto fuera de la India. (9) Después de elegir trescientos mil bueyes negros, repartió la carne entre los artesanos y los encargados de construir los artilugios. Cosiendo las pieles entre sí y llenándolas de paja, fabricó maniquíes, imitando en todo la constitución de estos animales. Cada maniquí tenía dentro un hombre para manejarlo y un camello, que lo llevaría y crearía la ilusión de una fiera verdadera para quienes lo vieran desde lejos. (10) Los artesanos que le fabricaron estas cosas se dedicaban a sus trabajos en un recinto cerrado que tenía puertas atentamente vigiladas, de modo que ninguno de los artesanos de dentro saliera ni los de fuera entraran hasta ellos. Hizo esto para que nadie del exterior viera lo que pasaba y no se filtraran rumores sobre ello a los indios.

17. (1) Cuando los barcos y las fieras fueron fabricados en dos años, al tercero hizo venir tropas de todas partes a Bactria. La cantidad del ejército reunido era, según escribió Ctesias de Cnido, de tres millones de soldados de infantería, dos cientos mil de caballería y cien mil carros. (2) Había también hombres montados sobre camellos con sables de cuatro codos, cuyo número era igual al de los carros. Construyó dos mil embarcaciones fluviales desmontables, para las cuales proveyó camellos que transportaran las barcas por tierra. Los camellos llevaban también los maniquíes de los elefantes, conforme se ha dicho. Llevando los caballos cerca de los camellos, los soldados los hicieron acostumbrarse a no tener miedo de la fiereza de estos animales. (…) (4) Cuando el rey de los indios Estabrobates averiguó el tamaño de las fuerzas nombradas y de sus excesivos preparativos bélicos, se esforzó en superar a Semíramis en todo. (5) Primero, fabricó cuatro mil embarcaciones fluviales de junco, pues la India, cerca de los ríos y las zonas pantanosas, produce cantidad de junco, cuyo espesor un hombre no podría abarcar con los brazos fácilmente. Se dice también que los barcos fabricados de este material destacan por su empleabilidad, porque su madera no se pudre. (6) Después de dedicar mucha atención a la fabricación de las armas y de recorrer toda la India, reunió una fuerza mucho mayor que la juntada por Semíra-

---

[57] El texto entre obeliscos es corrupto.

mis. (7) Hizo una cacería de elefantes salvajes, multiplicando los que ya tenía, y los equipó espléndidamente a todos con impactantes pertrechos de guerra. (8) Por eso también, por su cantidad y por las estructuras sobre sus lomos, su aparición al ataque daba la impresión de ser irresistible para la naturaleza humana.

18. (1) Cuando todos sus preparativos para la guerra estuvieron listos, envió mensajeros a Semíramis, que estaba en camino, para recriminarle que iniciara la guerra sin haber sufrido ninguna injusticia. Después de escribir en su carta muchos insultos impronunciables contra ella, como si fuera una cortesana, y de poner a los dioses por testigos, la amenazaba con empalarla tras vencerla en la guerra. (2) Pero Semíramis, que leyó la carta y se rio de lo que estaba escrito, afirmó que el indio comprobaría por experiencia su valor por la vía de los hechos. Avanzó con sus tropas, llegó al río Indo y encontró las embarcaciones de los enemigos listas para la batalla. (3) Por eso, tras preparar rápidamente los barcos y llenarlos de la mejor infantería de marina, libró una batalla naval en el río, mientras los soldados de infantería, que estaban formados en orden de combate a lo largo de la corriente, emulaban en celo a sus compañeros. (4) Aunque la lucha se prolongó durante mucho tiempo y los dos bandos se enfrentaron con ardor, finalmente ganó Semíramis, destruyó alrededor de mil embarcaciones y tomó no pocos prisioneros. (5) Exaltada por la victoria, esclavizó las islas y ciudades del río e hizo prisioneros a más de cien mil individuos. Después, el rey de los indios apartó a sus tropas del río, fingiendo retirarse por miedo, pero queriendo en realidad animar a sus enemigos a cruzar el río. (6) Como las cosas progresaban según su plan, Semíramis unió las dos orillas del río, construyendo un pontón muy suntuoso y grande, a través del cual trasladó todas sus tropas. Dejó una guardia de sesenta mil hombres en el pontón y, con el resto del ejército, avanzaba persiguiendo a los indios, con los maniquíes marchando en cabeza, para que los espías enemigos le anunciaran al rey la multitud de fieras en sus filas. (7) En esto al menos no se vio defraudada en su expectativa, sino que cuando los que habían sido enviados a inspeccionar anunciaron a los indios la multitud de elefantes que había con los enemigos, todos se preguntaban desconcertados de dónde había salido tan gran cantidad de animales salvajes que la acompañaba. (8) Sin embargo, el engaño no permaneció más tiempo oculto. Algunos de los que estaban en el ejército de Semíramis, que habían sido cogidos por la noche en el campamento descuidando sus labores de vigilancia y tenían miedo del castigo consiguiente, desertaron a los enemigos e informaron de la superchería de los elefantes. Envalentonándose por esto y comunicando a sus tropas lo de los maniquíes, el rey de los indios se volvió contra los asirios, tras poner sus fuerzas en formación.

19. (1) Semíramis también hizo lo mismo y, cuando los ejércitos se acercaron uno a otro, Estabrobates, el rey de los indios, envió muy por delante de la línea de combate de la infantería a la caballería con los carros. (2) Pero, como la reina aguantó con firmeza el ataque de la caballería y los elefantes fabricados habían sido dispuestos a intervalos iguales por delante de la línea de combate, ocurrió que los caballos indios se espantaron. (3) De lejos, los maniquíes tenían el mismo aspecto que los animales verdaderos, a los cuales los caballos indios se aproximaban con valor, porque estaban acostumbrados, pero, cuando estaban cerca, les llegaba el olor insólito y las demás diferencias que había, todas gigantescas, contribuían a agitar completamente a los caballos. Por eso, algunos indios caían a tierra y otros, puesto que los animales no obedecían a las riendas, caían de cualquier manera, con los caballos que montaban, dentro de las filas enemigas. (4) Combatiendo con soldados escogidos y aprovechando diestramente la ventaja, Semíramis puso en fuga a los indios. Pese a que ellos huyeron hacia la línea de combate de la infantería, el rey Estabrobates, sin dejarse impresionar, hizo avanzar las unidades de infantería, con los elefantes marchando en cabeza y él en persona se colocó en el ala derecha y, librando batalla sobre el elefante más fuerte, avanzó causando impacto contra la reina, colocada precisamente frente a él. (5) Cuando los demás elefantes hicieron lo mismo, las tropas de Semíramis aguantaron su ataque durante un corto tiempo, puesto que los animales, que destacaban por su vigor y confiaban en sus propias fuerzas, acababan fácilmente con todo el que se resistía. Por tanto, hubo una gran matanza que tomó diversas formas, ya que unos fueron aplastados por las patas; algunos, abiertos en canal por los colmillos y otros, arrojados por los aires por las trompas. Como se apilaba una abundante cantidad de cadáveres amontonados y el peligro inspiraba un terrible espanto y miedo a los que miraban, nadie se atrevía a quedarse ya en su puesto. (7) Cuando el grueso del ejército se dio la vuelta, el rey de los indios acosó a la propia Semíramis. Primero, disparó su arco contra ella y le alcanzó en un brazo; a continuación, lanzó una jabalina y atravesó la espalda de la reina, que se llevó el golpe de refilón. Por eso, como no le había pasado nada grave, Semíramis se alejó rápidamente a caballo, con lo que la bestia perseguidora quedó muy atrás en velocidad. (8) Todos huyeron hacia el puente de barcas y, al estar tan gran multitud apretujada en un solo lugar estrecho, los hombres de la reina morían unos a manos de otros, pisoteados y mezclados, en una confusión antinatural, caballos y soldados de infantería. Cuando los indios los hostigaron, se produjeron violentos empujones, de modo que muchos cayeron al río, arrojados por los dos lados del puente. (9) Cuando la mayoría de los que se habían salvado de la batalla alcanzó la seguridad a través del río, Semíramis cortó los cables que sujetaban el puente. Cuando estos se soltaron, el puente de barcas se rompió por muchas partes y, como numerosos perseguidores indios estaban encima, por la violencia de la corriente, se vino abajo de cualquier manera. Así, mató a muchos indios y proporcionó mucha seguridad a Semíramis, impidiendo a los enemigos llegar hasta ella. (10) Después, cuando le sobrevinieron señales del cielo y los adivinos interpretaron que estas desaconsejaban cruzar el río, el rey de los indios se mantuvo tranquilo. Semíramis hizo intercambio de prisioneros y regresó a Bactra, tras perder dos tercios de sus tropas.

Final de Semíramis

20. (1) Al cabo de algún tiempo, después de ser víctima de una conspiración maquinada por su hijo por medio de cierto eunuco[58] y de acordarse de nuevo del oráculo de Amón, no hizo

---

[58] En la representación griega del mundo oriental, los eunucos jugaron un papel destacado como personajes intrigantes junto a princesas y concubinas, cómplices de no pocas conjuras de harén (A. K. Grayson, «Eunuchs in power. Their role in the Assyrian bureaucracy», en M. Dietrich y O. Loretz [eds.], *Vom Alten Orient zum Alten Testament. Festschrift für Wolfram Freiherrn von Soden,* Neukirchen-Vluyn, 1995, pp. 85-98). Para el mundo persa, L. Llewellyn-Jones, «Eunuchs and Royal Harem in Achaemenid Persia (559-331 BC)», en S. Tougher (ed.), *Eunuchs in Antiquity and beyond,* Swansea, 2002, pp. 19-49. Para una imagen de la percepción de los eunucos en el mun-

nada malo al conspirador, sino al contrario. Le entregó la dignidad real, ordenó a los gobernadores que lo obedecieran y rápidamente se hizo desaparecer, para trasladarse a la morada de los dioses de acuerdo con el oráculo. (2) Algunos contadores de historias afirman que ella se convirtió en paloma y que, cuando una banda de pájaros extendió las alas hasta su casa, se echó a volar con ellos. Por eso, los asirios veneran a la paloma como una divinidad, porque consideran inmortal a Semíramis. Después de reinar sobre toda Asia excepto la India, ella murió de la manera mencionada, habiendo vivido sesenta y dos años y reinado cuarenta y dos. (3) Esto es lo que Ctesias de Cnido ha escrito en sus historias sobre Semíramis.

Declive del Imperio asirio

Reinados de los reyes posteriores, de Nino a Sardanápalo

21. (1) Después de la muerte de ella, Ninias, hijo de Nino y Semíramis, recibió el poder y lo ejerció de forma pacífica, sin emular en absoluto el gusto por la guerra y los peligros de su madre. (2) Primero, pasaba todo el tiempo en el palacio real, sin ser visto por nadie a excepción de las concubinas y los eunucos de su entorno[59]. Trataba de alcanzar el lujo, la indolencia y la ausencia de sufrimientos y preocupaciones, porque suponía que dedicarse a todos los placeres sin trabas era el objetivo de un reinado feliz. Por la seguridad de su poder y el miedo que tenía de sus súbditos, cada año hacía venir un número fijo de soldados y un general de cada pueblo. (4) Al ejército reunido, compuesto por los pueblos bajo su dominio, lo mantenía acantonado fuera de la ciudad, designaba como comandante de cada uno al miembro de su entorno que tuviera mejor voluntad hacia él. Cuando pasaba un año, hacía venir otra vez el mismo número de soldados de los pueblos y licenciaba a los primeros, enviándolos a sus patrias. (5) Llevaba esto a cabo y todos sus súbditos estaban espantados, porque contemplaban fuerzas

---

do griego y romano, P. Guyot, *Eunuchen als Sklaven und Freigelassene in der griechisch-römischen Antike,* Stuttgart, 1980.

[59] Nos hallamos frente al cliché del déspota oriental esclavo de las pasiones, recluido en su harén y rodeado de eunucos y concubinas.

siempre grandes acampadas al raso y veían que el castigo estaba listo para quienes se resistieran o no obedecieran. (6) Planeó el relevo de los soldados cada año para que se separaran, yendo cada uno a su propia patria, antes de que los generales y todos los demás se conocieran bien mutuamente. Pues un largo servicio en el ejército otorga a los comandantes experiencia y buen juicio en los asuntos de la guerra, pero, sobre todo, proporciona grandes recursos para rebelarse y conjurarse contra los dirigentes. (7) No ser contemplado por nadie de fuera concedía a todos ignorancia del verdadero lujo a su alrededor y, por miedo, nadie se atrevía siquiera a hablar mal de él, como si fuera un dios invisible. Tras designar generales, sátrapas, administradores y, además, jueces para cada pueblo y ordenar todos los demás asuntos conforme le pareció que le convenía entonces, permaneció a lo largo de su vida en Nino[60]. (8) De manera muy similar a él, los demás reyes, tras heredar cada uno el poder del padre, reinaron durante treinta generaciones hasta Sardanápalo. En efecto, con él el Imperio asirio cayó en manos de los medos[61], tras durar más de mil trescientos sesenta años, según dice Ctesias de Cnido en el libro segundo.

22. (1) No merece la pena escribir todos los nombres de los reyes y la cantidad de años que reinó cada uno de ellos, porque ninguno hizo nada digno de recuerdo. En efecto, solo se ha puesto por escrito el contingente aliado enviado a los troyanos por los asirios, cuyo general era Memnón, el hijo de Titono[62]. (2) Cuando reinaba sobre Asia Téutamo, el cual era el vigésimo monarca desde Ninias, el hijo de Semíramis, afirman que los griegos que iban con Agamenón hicieron una expedición contra Troya, mientras los asirios ejercían el control de Asia durante más de mil años. Como apenas soportaba el peso de la guerra y reinaba sobre la región de Troya siendo vasallo del rey asirio, Príamo envió embajadores a la corte de este por ayuda. Téutamo despachó diez mil etíopes y otros tantos susianos con doscientos carros, después de nombrar general a Memnón, hijo de

---

[60] Nínive, capital del Imperio asirio.
[61] 612 a.C.
[62] Guerrero mítico que luchó en la Guerra de Troya, en donde murió a manos de Aquiles. Su historia se cuenta en el poema del ciclo épico *Etiópida*, atribuida a Arctino de Mileto (A. Bernabé, *Fragmentos de épica griega arcaica*, Madrid, 1979, pp. 138-154).

Titono. (3) El hijo de Titono, que en aquellos tiempos era el general de Persia, era el más estimado por el rey entre los comandantes nombrados. Memnón, que estaba en la flor de la edad, destacaba por su valor y la brillantez de su espíritu. Él edificó en la ciudadela de Susa el palacio real que se conservó hasta el dominio persa[63], que por él se llamó Memnonio. También construyó una vía pública a través del territorio llamada hasta los tiempos actuales Memnonia. (4) Pero los etíopes vecinos de Egipto lo discuten, diciendo que este hombre nació en aquellos lugares, y muestran un antiguo palacio real que afirman que hasta ahora se llama Memnonio. (5) En cualquier caso, se dice que Memnón ayudó a los troyanos con veinte mil soldados de infantería y doscientos carros, que fue admirado por su valor y acabó con muchos griegos en batalla, pero que al final, tras ser víctima de una emboscada, fue asesinado por unos tesalios. Después de recuperar su cuerpo, los etíopes quemaron el cadáver y devolvieron los huesos a Titono. Los bárbaros dicen que estas cosas sobre Memnón están registradas en los archivos reales.

Costumbres de Sardanápalo

23. (1) Sardanápalo, que era el trigésimo monarca desde Nino, el fundador del imperio, y se convirtió en el último rey de los asirios, superó a todos sus predecesores en lujo e indolencia[64]. Sin ser visto por nadie de fuera, vivió una vida afeminada, pasándola con las concubinas. Hilaba tejidos de púrpura y las lanas más suaves, se había puesto vestido femenino, se adornaba la cara y todo el cuerpo con polvos de plomo blanco y seguía los demás tratamientos de belleza de las cortesanas con más delicadeza que cualquier mujer aficionada al lujo. (2) Procuraba tener una voz afeminada y, en sus fiestas de beber, no solo intentaba disfrutar continuamente de las bebidas y las comidas que

---

[63] Susa representó para los autores griegos anteriores a Alejandro la capital por antonomasia del Imperio aqueménida.

[64] De nuevo el cliché del déspota oriental dominado por la lujuria, la molicie y todos los vicios, dominante en la tradición occidental. Véase E. W. Said, *Orientalismo,* Barcelona, 2003; A. Grosrichard, *La estructura del harén. la ficción del despotismo asiático en el occidente clásico,* Barcelona, 1981; Th. Hentsch, *L'orient imaginaire. La vision politique occidentale de l'est méditerranéen,* Paris, 1988; A. Tourraix, *L'orient, mirage grec. L'orient du mythe et de l'épopée,* Paris, 2000.

podían proporcionar los mayores placeres, sino que también perseguía los goces sexuales del hombre y de la mujer a la vez. Mantenía relaciones sexuales con ambos sexos sin trabas y sin inquietarse nada en absoluto por la vergüenza derivada de tal práctica (…) (4) Siendo así por su comportamiento, no solo acabó su vida con deshonor, sino que destruyó de arriba abajo el Imperio asirio, que había sido el más longevo de los recordados.

Complot y rebelión contra Sardanápalo

24. (1) En efecto, un tal Arbaces[65], de origen medo, que destacaba por su valor y la brillantez de su espíritu, era el general de los medos enviados cada año a Nino. Tras entablar relación en el ejército con un general babilonio, se vio incitado por aquel para derrocar el Imperio asirio. (2) Su nombre era Bélesis[66] y era el más distinguido de los sacerdotes que los babilonios llaman caldeos. Como tenía una experiencia muy grande en astrología y adivinación, predecía a la gente lo que iba a suceder sin fallos. Por eso, y puesto que también era admirado por estas cosas, predijo al general de los medos, que era amigo, que él debía reinar sin duda sobre todo el territorio que gobernaba Sardanápalo. (3) Tras elogiar a este hombre, Arbaces le anunció que le daría la satrapía[67] de Babilonia cuando la acción llegara a su fin y él mismo, entusiasmado como por la voz de algún dios, establecía contactos con los generales de los otros pueblos y los recibía cálidamente a todos en convites y reuniones sociales, cultivando amistad con cada uno. Tenía la ambición de ver al rey cara a cara y observar toda su vida. Por eso, tras dar a uno de los eunucos una copa de oro, fue conducido ante Sardanápa-

---

[65] Nombre iranio documentado en un jefe medo de la época de Sargón II (701-705 a.C.), pero también el de un comandante del ejército de Artajerjes II en Cunaxa y sátrapa de Media (Xen., *An.* 1.7.12; 7.8.25), quizás el mismo que traicionó al mismo rey pasándose al bando de Ciro el Joven (Plut., *Artax.* 14.3= Ctes. F26 §14.3). El personaje histórico contemporáneo suyo, y a quien pudo haber conocido en el entorno del Gran Rey como médico personal, pudo inspirar a Ctesias para valerse de este antropónimo.

[66] Un nuevo caso, ahora de un nombre acadio, contemporáneo de Ctesias y que aparece documentado en las tablillas cuneiformes como director de una casa de negocios del gobernador de Ebir Nâri. Quizá se trate del mismo Bélesis citado por Jenofonte como sátrapa de Siria (Xen., *An.* 1.4.10).

[67] El uso del término es un claro anacronismo, ya que la división en satrapías del imperio es una creación administrativa de los aqueménidas.

lo. Cuando comprendió exactamente su lujo y el estilo afeminado de sus costumbres, despreció al rey como indigno y se sintió mucho más impulsado a aferrarse a las esperanzas que le había dado el caldeo. (5) Al final se conjuró con Bélesis, de modo que él provocó la defección de los medos y los persas, y aquel persuadió a los babilonios de unirse a la acción y al jefe de los árabes, que era amigo, de tomar parte en el derrocamiento. (6) Cuando se había completado el tiempo anual del servicio militar y había llegado el otro relevo y los anteriores fueron licenciados y enviados a sus respectivas patrias, Arbaces convenció a los medos de aspirar a la realeza y de asociarse con los persas en la soberanía, en aras de la libertad. De manera similar, Bélesis persuadió a los babilonios de reclamar la libertad y, tras enviar embajadores a Arabia, indujo al jefe de los nativos, que era su amigo y huésped, a participar en el golpe. (7) Transcurrido el tiempo de servicio anual, todos estos hombres reunieron una gran cantidad de soldados y llegaron a Nino en masa, en teoría trayendo el relevo, como era costumbre, pero en realidad para derribar el Imperio asirio. (8) Cuando los cuatro pueblos mencionados fueron congregados en un único lugar, su número total era de unos cuatrocientos mil y, después de acantonarse en un solo campamento, estuvieron deliberando en conjunto sobre lo que les convenía.

25. (1) Cuando se enteró de la rebelión, Sardanápalo inmediatamente sacó contra ellos las tropas compuestas por los demás pueblos. Primero, se produjo una batalla campal en la llanura, fueron derrotados los rebeldes y, tras perder muchos hombres, fueron perseguidos hasta un monte que distaba setenta estadios de Nino. (2) Después, cuando ellos volvieron a bajar a la llanura y se prepararon para la batalla, Sardanápalo dispuso enfrente en orden de combate su propio ejército y envió heraldos al campamento enemigo para proclamar que daría doscientos talentos de oro a quienes acabaran con Arbaces de Media, mientras que a quien se lo entregara vivo le daría dos veces ese dinero y lo nombraría sátrapa de Media. (3) De manera similar, anunció que daría regalos a quienes eliminaran o capturaran vivo a Bélesis de Babilonia. Como nadie prestó atención a las proclamas, libró batalla, asesinó a muchos rebeldes y a la multitud restante la persiguió hasta el campamento en las montañas. (4) Los del entorno de Arbaces, desanimados por la derrota,

reunieron en consejo a sus amigos y propusieron una delibera-
ción sobre qué debía hacerse. (5) La mayoría afirmó que debían
ir a las respectivas patrias, apoderarse de posiciones fuertes y, en
la medida de lo posible, hacer los demás preparativos útiles
para la guerra. Pero Bélesis de Babilonia dijo que los dioses les
indicaban que con fatigas y sufrimientos llevarían a cabo su plan
político, los exhortó sobre lo demás de la mejor manera que
pudo y persuadió a todos de aguantar los peligros. (6) Cuando
tuvo lugar una tercera batalla campal, el rey venció de nuevo, se
adueñó del campamento enemigo y persiguió a los derrotados
hasta las fronteras de Babilonia. Pero ocurrió también que Arbaces, tras arrostrar los peligros del combate personalmente
con brillantez y acabar con muchos, fue herido por los asirios.
(7) Como los rebeldes sufrieron unas derrotas tan impresionan-
tes en sucesión, sus líderes perdieron la esperanza de victoria y
se preparaban para separarse, yendo cada uno a sus lugares na-
tales. (8) Pero Bélesis se mantuvo despierto al raso por la noche,
dedicándose con empeño a la observación de los astros, y a sus
compañeros, que estaban desesperados de la situación, les dijo
que, si aguantaban cinco días, llegaría una ayuda espontánea y
todo daría un gigantesco vuelco. En efecto, afirmó que, gracias
a su experiencia astrológica, veía que los dioses les estaban señalando esto, y les exhortaba a aguantar esos días y comprobar
su propia técnica y la benevolencia de los dioses.

26. (1) Cuando todos fueron convocados otra vez y aguantaron el tiempo fijado, llegó uno anunciando que unas tropas,
enviadas al rey desde Bactria, estaban cerca, marchando a paso
ligero. (2) El entorno de Arbaces resolvió salir al encuentro de
los generales a la mayor rapidez, tomando consigo a los soldados más fuertes y activos, para, si no podían persuadir mediante
la palabra a los bactrianos de unirse a la rebelión, obligarlos con
las armas a participar de sus esperanzas. (3) Cuando al final, en
aras de la libertad, obedecieron con alegría los generales primero y, a continuación, toda la tropa, todos se acantonaron en el
mismo campamento. (4) Fue entonces cuando ocurrió que el
rey de Asiria, ignorante de la rebelión de los bactrianos y entusiasmado por los éxitos previos, se dio de nuevo a la relajación
y distribuyó entre sus soldados carne de víctimas sacrificiales,
cantidad de vino y de las demás cosas apropiadas para una celebración. Por eso, cuando toda la tropa estaba celebrando el

convite, los del entorno de Arbaces, que averiguaron por unos desertores la indolencia y borrachera que cundía en el campamento enemigo, hicieron el ataque por la noche de improviso. (5) Cayendo bien ordenados sobre gentes desordenadas, listos sobre quienes no estaban preparados, se apoderaron del campamento, acabaron con muchos soldados y persiguieron al resto hasta la ciudad. (6) Después, el rey, tras designar general a Salaimenes, el hermano de su esposa, él mismo asumió el cuidado de los asuntos relativos a la ciudad. Los rebeldes se colocaron en orden de batalla en la llanura frente a la ciudad, vencieron en dos combates a los asirios, acabaron con Salaimenes y masacraron en la fuga a algunos de los que tenían desplegados enfrente. En cambio, a otros, cuyo retorno a la ciudad había sido bloqueado y que fueron obligados a arrojarse al río Éufrates, los aniquilaron a todos, excepto a unos pocos. (7) La cantidad de los asesinados era tan grande que la corriente que los llevaba, mezclada con sangre, cambió de color hasta una distancia considerable. Luego, cuando el rey estuvo encerrado y sometido a asedio, muchos pueblos hicieron defección, desertando cada uno por la libertad. (8) Sardanápalo, viendo que todo su reino estaba en el mayor peligro, envió a sus hijos, que eran tres, y a sus dos hijas con mucho dinero a Paflagonia, al comandante Cota, el cual era su súbdito con mejor voluntad hacia él. Él mismo, después de enviar portadores de cartas a todos sus vasallos, hizo venir tropas y preparaba lo necesario para el asedio. (9) Le había sido transmitido un oráculo de los tiempos de sus antepasados en el sentido de que nadie tomaría Nino por asalto, a no ser que antes el río se convirtiera en enemigo de la ciudad. Suponiendo que esto nunca se produciría, se aferraba a sus esperanzas, en la idea de que aguantaría el sitio y recibiría los ejércitos que iban a ser enviados por sus comandantes.

Fin de Sardanápalo y del Imperio asirio

27. (1) Los rebeldes, exaltados por la ventaja, presionaban con el asedio, pero por la solidez de las murallas no podían hacer ningún daño a los que estaban en la ciudad. (…) Los de la ciudad tenían todo lo necesario en abundancia, porque el rey había pensado de antemano en ello. También por eso, porque el asedio se prolongó, estuvieron presionando durante dos años,

haciendo ataques sobre los muros e impidiendo a los de la ciudad la salida al campo. Durante el tercer año, como estaban
cayendo grandes tormentas de lluvia continuamente, ocurrió
que el Éufrates creció, se inundó un barrio de la ciudad y la
muralla se derrumbó a lo largo de veinte estadios. (2) Entonces
el rey, creyendo que el oráculo se había cumplido y que el río se
había convertido abiertamente en enemigo de la ciudad, abandonó la idea de salvación[68]. Para no caer en manos de sus enemigos, preparó una hoguera enorme en el palacio real, amontonó el oro y toda la plata y, además, las vestiduras reales y, tras
encerrar a las concubinas y los eunucos en la habitación cons-
truida en el centro de la pira, se quemó a sí mismo y el palacio
real, junto a todos ellos.

Subida al poder de Arbaces

(3) Los rebeldes, cuando averiguaron la aniquilación de Sardanápalo, se apoderaron de la ciudad precipitándose dentro por
la parte caída de la muralla y, tras ponerle las vestiduras reales,
proclamaron rey a Arbaces y le transfirieron la autoridad plena.

28. (1) Después de que el rey diera recompensas a quienes
habían luchado con él, según su dignidad, y nombrara sátrapas
de los pueblos, Bélesis de Babilonia, el que le predijo que sería
rey de Asia, se presentó ante él, le recordó el favor y pidió que
le diera el gobierno de Babilonia, como le prometió desde el
principio. (2) Manifestó también que durante los peligros él había hecho un voto a Belo de que, si Sardanápalo era vencido y
su palacio incendiado, trasladaría sus cenizas a Babilonia, le-
vantaría, cerca del recinto del dios y del río, un montículo que
proporcionaría a los que navegaran a lo largo del Éufrates un
recuerdo inmortal del que había derrocado el Imperio asirio.
(3) Pedía esto porque había averiguado lo de la plata y el oro
por un eunuco, el cual, tras escapar y desertar a su lado, los escondió. (4) Pero Arbaces, que no sabía nada de esto porque
todos los que estaban en el palacio se habían quemado junto

---

[68] Nos hallamos aquí frente a un presagio de muerte. Los presagios de
muerte (*omina mortis*) tiene una larga tradición en la historiografía griega y
latina.

con el rey, consintió que trasladara la ceniza y dirigiera Babilonia exenta de impuestos. Entonces, Bélesis se procuró unas embarcaciones y envió rápidamente a Babilonia, con la ceniza, la mayoría de la plata y el oro. Pero el rey, como le fue denunciada la acción en el momento de ser cometida, designó jueces a los que habían luchado con él. (5) Como el autor reconoció haber obrado contra la justicia, el tribunal lo condenó a muerte, pero el rey, que era magnánimo y quería ofrecer un comienzo de reinado moderado, libró a Bélesis de los peligros y consintió que retuviera la plata y el oro que había trasladado. Igualmente, no le quitó la autoridad concedida al principio sobre Babilonia, porque afirmó que los beneficios previos por su parte eran mayores que las injusticias cometidas posteriormente. (6) Cuando su moderación se hizo pública, no obtuvo entre los pueblos una dosis normal de buena voluntad, sino gloria, porque todos juzgaban que era digno de la realeza quien trataba así a los que habían cometido injusticias. (7) Arbaces, trató con moderación a los que estaban en la ciudad, los distribuyó para que vivieran en aldeas, después de devolverle a cada uno sus posesiones particulares, y echó abajo la ciudad hasta los cimientos. A continuación, trasladó la plata y el oro que habían quedado de la pira, que eran muchos talentos, a Ecbatana de Media. (8) El Imperio asirio, que había durado treinta generaciones desde Nino, más de mil trescientos años, fue derrocado por los medos de la manera mencionada.

Otras noticias sobre el auge del Imperio asirio

F1c. Anónimo, *Sobre las mujeres*, 1

Vida de Semíramis

Semíramis: hija, según dice Ctesias de Cnido, de la diosa siria Derceto[69] y un sirio, que fue criada por Simas, que era servidor del rey Nino, y que, tras casarse con Ones, un gobernador real, tuvo hijos. Después de conocerla cuando fue a Bactra con su marido, Nino, que ya era viejo, se casó con ella. Ella concibió con Nino un hijo, Ninias. Después de la muerte de Nino, amu-

---

[69] Atargatis.

ralló Babilonia con ladrillo cocido y brea y construyó el templo de Belo. Tras ser víctima de una conspiración maquinada por su hijo, murió, después de haber vivido sesenta años y reinado cuarenta y dos.

F1d. Estrabón, *Geografía*, 16.4.27

Derceto

Las alteraciones de los nombres, sobre todo de los bárbaros, son numerosas: como por ejemplo, llamaron Darío a Darieces, Parisátide a Farziris, Atargatis a Atara, a esta última Ctesias la llama Derceto.

F1eα. Eratóstenes, *Catasterismos*, 28

Derceto y la constelación Piscis

…El llamado gran pez…, según afirma Ctesias, se cuenta que este pez estuvo antes en un lago en Bambice[70]; cuando se cayó dentro por la noche Derceto, a quien los que habitan alrededor de esos lugares llamaron la diosa siria, parece que este la salvó.

F1eβ. Higinio, *Astronomía*, 2.41

El pez que se llama austral (…). Se considera que este salvó a Isis una vez cuando estaba en apuros; a cambio de este favor, ella colocó entre las estrellas una imagen del pez y sus hijos (…). Por eso, numerosos sirios no comen pescado y veneran sus imágenes doradas en lugar de los dioses penates. Sobre esto también escribe Ctesias[71].

---

[70] Ciudad siria en donde se hallaba el santuario de Atargatis (Luc., *Syr. D.* 46).
[71] Traducción del latín.

F1f. Arnobio, *En pugna contra los gentiles,* **1.52.1**

Zoroastro

Ahora pido que venga a través de la zona de fuego, desde el círculo interior, el mago Zoroastro, que estemos de acuerdo con el fundador Hermipo y que el famoso Bactriano[72] también venga, cuyas hazañas expone Ctesias en el libro primero de sus *Historias*. Armenio, nieto de Zoroastro, y el amigo panfilio de Ciro, Apolonio, así como Damígero, Dárdano, Belo, Juliano y Bébulo, y si hay algún otro de quien se cuente que tiene autoridad y reputación en esta clase de charlatanerías, que venga también[73].

F1g. Eusebio, *Cronografía,* **p. 29, 3-10 Karst**

Reinado de Semíramis

Después de la muerte de Nino, el reino pasó a Semíramis, que rodeó Babilonia de murallas de toda clase y forma, como dijeron muchos, Ctesias, Zenón, Heródoto y otros tras ellos. A continuación, Cefalión cuenta la campaña de Semíramis contra la India, su derrota y fuga, y cómo ella misma masacró a sus hijos y cómo fue asesinada por su hijo Nino, tras reinar cuarenta y dos años[74].

F1h. Esteban de Bizancio, *Léxico étnico,* **s.v. Cavón**

Cavón

Cavón: territorio de Media. Ctesias en el libro primero de *Historias de Persia*: «Semíramis se pone en marcha desde allí, ella y su ejército, y llega a Cavón en Media».

---

[72] Zoroastro.
[73] Traducción del latín.
[74] Traducción indirecta del armenio a través del alemán (NB. El hijo de Nino y Semíramis era Ninias; figura así, como Nino, en el original, fruto probablemente de una confusión).

F1i. Jorge Síncelo, *Extracto geográfico*, p. 119

Montículos de Semíramis

A este Nino le sucedió la célebre Semíramis, la cual levantó montículos en muchas partes de la tierra, en teoría por las inundaciones[75], pero en verdad eran las tumbas de sus amantes enterrados vivos, según escribe en sus historias Ctesias.

F1k. Diodoro de Sicilia, *Biblioteca Histórica*, 1.56.5-6

Fundaciones de Semíramis en Egipto

No ignoro que Ctesias de Cnido escribió en sus historias cosas diferentes sobre las ciudades mencionadas, puesto que afirmó que algunos de los que entraron con Semíramis en Egipto las habían fundado, tomando la denominación de sus propias patrias. Sobre esto no es fácil exponer la verdad con exactitud, sino que hay que considerar dignas de consignar las discrepancias que surgen entre los historiadores, para dejar la decisión sobre la verdad íntegra a los lectores.

F1lα. Antígono de Caristo, *Colección de historias maravillosas*, 145

Fuente de Etiopía

Ctesias dice que la (fuente) en Etiopía tiene el agua roja como si fuera cinabrio y que aquellos que beben de ella se vuelven locos.

F1lβ. Paradoxógrafo florentino (Pseudo-Sotión)

Ctesias escribe en sus historias que en Etiopía hay una fuente de color parecido al cinabrio y que aquellos que beben de ella alteran su estado mental, de modo que confiesan incluso lo que han hecho a escondidas.

---

[75] La palabra 'montículo' (χῶμα) significa también 'dique'.

F11γ. Plinio, *Historia natural*, 31.9

Pero la manera de beber allí ha de ser moderada, para no volverse loco, lo que Ctesias escribe que ocurre en Etiopía a los que han bebido de la Fuente Roja[76].

F11δ*. Nicolás de Damasco (*Extractos de Sobre las conspiraciones* p. 3, 24 de Boor = *FGrH* 90 F1) [L]

Complot contra Semíramis

Dice que Semíramis, tras viajar después de la guerra india, estuvo en Media y subió a una montaña alta, que, excepto por una parte, estaba cortada en pico por todos los sitios y era inaccesible a causa de sus rocas lisas y escarpadas. Contempló su ejército desde una exedra que edificó en ese momento. Estando acampada allí, el eunuco Satibaras conspiró en su contra con los hijos de Ones, organizándolo todo él mismo y diciendo a los jovencitos que corrían peligro de morir a manos del hijo de Nino cuando reinara; y que debían adelantarse, matarlo a él y a su madre, y reinar. Y sobre todo dijo que era muy feo mirar con indiferencia a su madre, que, a su edad, iba cada día lujuriosamente detrás de los hombres que se encontraba, muchos de ellos jóvenes. Cuando quisieron averiguar cuál sería la manera de hacerlo, contestó que no haría falta cansarse, sino que subieran a la cumbre de la montaña a presencia de ella, cuando él mismo les diera la orden (él tenía esta tarea), y la empujaran desde la cima hacia abajo. Ellos maquinaban esto y se dieron garantías mutuas en cierto templo. Casualmente, allí, tumbado detrás del altar, estaba un medo, que lo oyó todo. Cuando se dio cuenta, él lo escribió todo en un pergamino y lo envió a Semíramis a través de otra persona. Ella, después de leerlo y escalar a la cima de la montaña al día siguiente, llamó a los hijos de Ones y, tras reflexionar algún tiempo, les ordenó que fueran armados. Satibaras fue a buscar contento a los jovencitos, en la idea de que la acción les iba a salir bien por intervención de un dios, porque la madre los convocaba armados. Cuando llegaron, Semíramis, después de ordenar al eunuco que se retirara, dijo a los jovencitos:

---

[76] Traducción del latín.

—Hijos malos de un padre bueno, que, persuadidos por un esclavo malvado, conspirasteis a muerte contra vuestra propia madre, que me empujaríais desde aquí, a mí que he recibido mis poderes de manos de los dioses. Pero ya estoy a vuestra merced, empujadme desde este peñasco, para que podáis tener fama entre los hombres y reinar, después de matar a vuestra madre y a Ninias.

Dijo lo mismo ante el pueblo asirio.

(Véase *Sobre los discursos ante el pueblo*)

F1m. Atenágoras, *Súplica en favor de los cristianos*, 30

En efecto, si, como los abominables e impíos tuvieron reputación de ser dioses, también la hija de Derceto, Semíramis, a pesar de ser una mujer lujuriosa y asesina, pareció ser una diosa siria y, a causa de Derceto, los sirios veneran también a las palomas y a Semíramis (pues es imposible que la mujer se transformara en paloma, la leyenda aparece en Ctesias), ¿qué hay de sorprendente en que algunos, en virtud de su poder o tiranía, sean llamados dioses por sus contemporáneos?

Otras noticias sobre el declive del Imperio asirio

F1n. Ateneo de Náucratis,
Banquete de los eruditos, 12.38, p. 528ef

Ninias y sus sucesores

Ctesias afirma en el libro tercero de *Historias de Persia* que todos los que reinaron sobre Asia aspiraron al lujo, sobre todo Ninias, el hijo de Nino y Semíramis. También dice que este se quedaba dentro, rodeado de lujos, y nadie lo veía, excepto los eunucos y sus propias mujeres[77].

---

[77] Aparece aquí el tópico del hechizo de harén del mundo oriental (véase *supra*, p. 78, n. 64).

F10α. Eusebio, *Cronografía*, p. 29, 10-26 Karst

Después de Semíramis, el gobierno pasó a Ninias, sobre el cual Cefalión informó que no realizó ninguna acción digna de mención. Y así Cefalión enumeró uno tras otro los restantes reyes, diciendo que reinaron durante un período de hasta mil años, pasándose el gobierno de padres a hijos, y también que ninguno de ellos estuvo en el poder por menos de veinte años. En efecto, sus costumbres poco belicosas, reacias a los esfuerzos y femeninas, los mantuvieron bajo segura custodia; pues estaban sentados en casa, no tenían ocupaciones y nadie se presentaba ante su vista, aparte de sus concubinas y hombres afeminados[78]. Si alguien desea conocer a estos reyes, Ctesias los cuenta uno por uno con su nombre, según creo, veintitrés reyes[79]. A mí, sin embargo, ¿qué placer o disfrute podría proporcionarme citar nombres en idioma bárbaro, que carecen de toda virtud masculina o valor, nombres de tiranos, cobardes, debilitados, indisciplinados?[80]

F10β. Agatías, *Historias*, 2.25.4-6

(4) Parece que Nino estableció primero una realeza sólida allí y Semíramis lo hizo otra vez, después de él, y, continuación, todos sus descendientes, hasta Beleús, hijo de Dercetades. (5) Pues cuando se acabó la sucesión del linaje de Semíramis con este Beleús, un tal Beletaras, jardinero, encargado y supervisor de los jardines del palacio real, cosechó inesperadamente la realeza y la implantó en su propio linaje, como han escrito Bión y Alejandro Polihistor, hasta Sardanápalo. Según dicen ellos, cuando se desgastó el poder, Arbaces de Media y Bélesis de Babilonia se lo quitaron a los asirios, acabando con el rey, y se lo pasaron al pueblo medo, cuando habían pasado mil trescientos seis años, o unos pocos más, desde que Nino ejerció la primacía política en aquella tierra. Así pues, Diodoro de Sicilia concuerda con Ctesias de Cnido, que registró por escrito los

---

[78] Es decir, eunucos.
[79] Número erróneo, ya que Sardanápalo fue el número trigésimo.
[80] Traducción indirecta del armenio a través del alemán.

períodos de tiempo. (6) Los medos detentaban el poder a su vez y organizaban todo según sus leyes.

F1pα. Ateneo de Náucratis, *Banquete de los eruditos*, 12.38, p. 528f-529a

Sardanápalo

Así era Sardanápalo, el cual algunos dicen que era hijo de Anacindaraxes y otros, de Anabaraxares. Cuando Arbaces, uno de los generales bajo su autoridad, de origen medo, logró, gracias a cierto eunuco, Esparamices, contemplar a Sardanápalo, cosa que se le había concedido a regañadientes, pero con la voluntad de rey, cuando el medo entró y lo vio blanqueado y adornado como una mujer, cardando con sus concubinas tejidos de púrpura con los pies en alto y sentado con ellas, con las cejas <depiladas>, vestido femenino, la barba afeitada y frotado con piedra pómez –era también más blanco que la leche y se había pintado la raya negra bajo los ojos– y, cuando el rey vio a Arbaces, puso los ojos en blanco. La mayoría, entre los cuales está Duris[81], escribe en sus historias que murió apuñalado por este Arbaces, porque se había indignado de que un hombre así reinara sobre ellos.

F1pβ. Aristóteles, *Política*, 5.10.22, p. 1311b40-1312a4

Unos (ataques) ocurren por desprecio, como uno que lo hizo tras ver a Sardanápalo cardando con sus mujeres, si los que cuentan historias dicen la verdad. Pero, aunque no lo sea en lo referente a él, sin embargo, podría ser cierto en lo referente a otro.

F1pγ. Pólux, *Onomástico*, 2.60

Ctesias afirma que Sardanápalo puso los ojos en blanco.

---

[81] Historiador griego del siglo IV-III a.C.

F1pδ*. Nicolás de Damasco (*Extractos de Sobre las virtudes* p. 329, 16 Büttner-Wobst = *FGrH* 90 F2) [L]

Dice que Sardanápalo reinó sobre los asirios, tras heredar el reino de Nino y Semíramis, que tenía su residencia en Nino y pasaba todo el tiempo dentro en el palacio real sin tocar las armas ni salir a cazar como los antiguos reyes, con la cara untada de ungüento, la raya pintada bajo los ojos, compitiendo con sus concubinas en belleza y trenzas, y siguiendo en todo costumbres femeninas. Según las órdenes previamente establecidas, se presentaban ante sus puertas los sátrapas de los demás pueblos trayendo las fuerzas mencionadas y precisamente se presentó Arbaces, el gobernador de Media, que era un hombre frugal en su vida y experimentado en los asuntos políticos como el que más, ejercitado en las cacerías y las guerras, que había ejecutado muchas acciones nobles en el pasado y que tenía en mente todavía más y más importantes. A este, que había oído la vida y las costumbres que seguía el rey, se le metió en la cabeza y en el ánimo que este Sardanápalo tenía el poder en Asia por falta de un hombre noble y urdió un plan para hacerse con el poder absoluto.

F1pε*. Nicolás de Damasco (*Extractos de Sobre las conspiraciones* p. 4, 23 de Boor = *FGrH* 90 F3) [L]

Dice que, mientras Sardanápalo era rey de los asirios, a Arbaces de Media, que había oído la vida y las costumbres que seguía el rey, se le metió en la cabeza y en el ánimo que este Sardanápalo tenía el poder en Asia por falta de un hombre noble y urdió un plan para hacerse con el poder absoluto. Entonces, la raza meda parecía ser la más valiente después de la asiria. Este Arbaces se puso en tratos con Bélesis, el jefe de Babilonia, que era compañero suyo en la guardia ante las puertas del palacio real y era un hombre del linaje de los caldeos (estos eran sacerdotes y gozaban de la máxima reputación) y se conjuró con él. Los dos conjuntamente decidieron derrocar el régimen y transferir los poderes de los asirios a los medos. Los babilonios eran los mayores conocedores de la astronomía de todos, excelentes en sabiduría y adivinación de sueños y prodigios y, por decirlo así, en todo el conocimiento que gira alrededor de las cosas divinas. Entonces Bélesis, dialogando con Arbaces ante las puertas cerca de un comedero en el que dos caballos comían, se quedó dormido a mediodía allí y en el sueño le pareció ver que uno de los dos caballos llevaba paja en la boca a Arbaces, que también dormía, y que el otro caballo preguntaba:

—¿Por qué haces eso, infeliz, y llevas paja al ser humano?

—Lo envidio, pues va a reinar sobre todos aquellos a los que ahora gobierna Sardanápalo –contestaba el otro.

Después de ver y escuchar esto, el babilonio despertó al medo que dormía y, puesto que conocía bastante las cosas divinas, interpretó la advertencia del sueño y ordenó a Arbaces ir a la orilla del río Tigris, que fluía cerca de Nino y cuyas ondas bañaban la muralla. Mientras caminaban y conversaban de muchas cosas, como camaradas, Bélesis dijo:

—Venga, Arbaces, si nuestro señor Sardanápalo te colocara como sátrapa de Cilicia, ¿qué me darías por haberte dado una buena noticia?

—¿Por qué te ríes de mí, infeliz? ¿Por qué me colocaría como sátrapa de Cilicia dejando a un lado a otros mejores que yo? –respondió Arbaces.

—Pero si te diera el cargo, lo digo porque sé bastante, ¿qué favor me correspondería de tu parte? –insistió Bélesis.

—No te quejarás, pues tendrás una parte no mínima de poder –dijo Arbaces.

—Si te hiciera sátrapa de toda Babilonia, ¿cómo me tratarías? –dijo Bélesis.

—Para, por Zeus, de insultarme tanto, pues no creo que sea conveniente que yo, siendo medo, sufra las burlas de un babilonio –contestó Arbaces.

—Por el gran Belo, yo no digo esto para burlarme, sino porque tengo pruebas de algo más –siguió Bélesis.

—Si yo fuera sátrapa de Babilonia, a ti te nombraría lugarteniente de toda la satrapía –contestó Arbaces.

—Yo no desconfío de ti, pero dime, si fueras rey de toda la tierra que ahora gobierna Sardanápalo, ¿qué puesto me darías? –preguntó el babilonio.

—Si te oyera Sardanápalo, desgraciado, sabe bien que tú y yo tendríamos mal fin. Pero, ¿qué te ha entrado en la cabeza para decir estas tonterías? ¿No vas a parar de decirlas? –replicó Arbaces.

Bélesis le agarró enérgicamente la mano y dijo:

—Por esta mano derecha, preciosa para mí, y por el gran
Belo, no digo esto en broma, sino porque conozco muy bien los
asuntos divinos.

—Te concederé tener el control de Babilonia y todo lo que
está sometido a ella, exento de impuestos –respondió Arbaces y
le dio la mano derecha de muy buena gana, porque se la había
pedido, además de estas palabras.

—Serás rey, sábelo bien, sin posibilidad de error –concluyó
el otro.

Y después de pactar esto, regresaban de vuelta a las puertas
de palacio para hacer los servicios habituales. Luego, tras ponerse en tratos con uno de los eunucos más leales, Arbaces le pidió
que le mostrara al rey, pues tenía muchas ganas de contemplar a
su señor y saber cómo era. Cuando este eunuco dijo que deseaba algo imposible, puesto que nadie tenía nunca acceso al rey,
entonces se mantuvo tranquilo. Dejó pasar poco tiempo y se lo
pidió otra vez con bastante insistencia, diciéndole que intercam-
biara ese favor por mucho oro y plata. El eunuco, dejándose
vencer por él, pues tenía muy buena voluntad y no quería ser
desagradecido con él, le prometió que, cuando hubiera una ocasión, se lo recordaría a su señor <...>[82] vivía donde murió.

**F1q. Ateneo de Náucratis, *Banquete de los eruditos*, 12.38,
p. 529bd**

Ctesias dice que el mismo Sardanápalo reunió un ejército
numeroso y lo condujo a la guerra y que, tras ser derrotado por
Arbaces, murió quemándose a sí mismo en el palacio real, después de amontonar una pira de cuatro pletros[83] de alto, sobre la
cual colocó ciento cincuenta lechos de oro y el mismo número
de mesas, también de oro. Hizo en la pira una habitación de
madera de cien pies y extendió en el suelo unos lechos. Él mismo se recostó allí con su mujer y las concubinas, en otros lechos. Viendo que las cosas iban mal, había enviado previamente
a sus tres hijos y dos hijas †a Nino†[84], al rey de allí, con tres mil

---

[82] Los diples señalan una laguna en el texto.
[83] Un pletro son unos 29,5 m.
[84] El texto entre obeliscos es corrupto. *Supra* (p. 82) se dice que Sardanápalo confía su descendencia a Cota.

talentos de oro. Techó la habitación con vigas grandes y gruesas y, a continuación, puso alrededor, en círculos, muchas piezas de madera también gruesas de modo que no hubiera salida. Allí colocó diez millones de talentos de oro y cien millones de plata, mantos, tejidos de púrpura y vestidos de todas clases. Luego, ordenó encender la pira por debajo y estuvo ardiendo durante quince días. Quienes la veían se quedaban sorprendidos por el humo y pensaban que él estaba realizando sacrificios. Los únicos que lo sabían eran los eunucos. Sardanápalo, que había vivido en una molicie extraordinaria, murió tan noblemente como era posible.

Miscelánea sobre Asiria

F2. Clemente de Alejandría, *Miscelánea*, 1.102.4

Antigüedad de Asiria

Si la historia de Asiria es muchos años más antigua que la griega, a partir de lo que dice Ctesias...

F3. Plinio, *Historia natural*, 7.207

Semíramis, pionera de las naves de guerra

Filoestéfano[85] es el autor que dice que Jasón fue el primero en navegar en una nave de guerra, Hegesias[86], que fue Páralo y Ctesias, que Semíramis[87].

F4. Ateneo de Náucratis, *Banquete de los eruditos*, 14.44, p. 639c

Beroso[88], en el libro primero de *Historias de Babilonia,* dice que en el decimosexto día del mes *loo*[89] se celebraba en Babilo-

---

[85] Historiador de Cirene del siglo III a.C.
[86] Historiador de Magnesia del siglo IV-III a.C.
[87] Traducción del latín.
[88] Historiador babilonio del siglo III a.C. y sacerdote de Marduk.
[89] Mes sirio-macedonio correspondiente al mes de julio.

nia una festividad, denominada *sacea*[90], durante cinco días, en los cuales la costumbre era que los amos recibieran órdenes de los esclavos y que uno de ellos ejerciera como jefe de la casa, llevando puesto un vestido igual al de la realeza, y que se lo llamara *zoganes*. Ctesias recuerda la festividad en el libro segundo de *Historias de Persia*.

2. HISTORIAS DE MEDIA

F5. Diodoro de Sicilia, *Biblioteca Histórica*, 2.32.4-34.6 [cfr. T3]

Fuentes de Ctesias

32. (4) Ctesias de Cnido dice que, a partir de los pergaminos reales[91], en los cuales los persas tenían ordenadas, según cierta costumbre, las acciones antiguas, se ocupó extensamente de todos los detalles y que, después de haberla compuesto, publicó su historia para el público griego.

---

[90] Fiesta conmemorativa instituida por Ciro tras la victoria sobre los sacas y de la que Dión Crisóstomo nos ofrece una precisa descripción en el cuarto discurso *De la realeza* (Dio Chrys., *Or.* 4. 66-70; Str. 9.8.4). Durante su celebración, los persas sentaban sobre el trono real a un prisionero condenado a muerte, al que se le permitía reinar por un día. Quizá se trate de la fiesta asirio-babilónica del 'sustituto real', en la que en una época de crisis o de gran peligro el rey era sustituido por un reo condenado a muerte que actuaba como una especie de pararrayos real. No está claro, sin embargo, si la fiesta persa de las Saceas y la asirio-babilónica son la misma celebración (J. Bottéro, «Le substitut royal et son sort en Mésopotamie ancienne», *Akkadika* 9, 1978, pp. 2-24 = *Mesopotamia. La escritura, la razón y los dioses,* Madrid, 2004, pp. 167-186; P. Briant, *Histoire de l'empire perse,* Paris, 1996, pp. 746, 882 s. y 1048).

[91] En Diodoro de Sicilia leemos que Ctesias investigó ἐκ τῶν βασιλικῶν διφθερῶν (Diod. Sic. 2.32.4), una invención según F. Jacoby («Ktesias», *RE* 9, 1922, col. 2048). Otro pasaje de Diodoro (2.22.5) relativo a Memnón, el hijo de Titono que luchó en Troya, hijo a su vez de un general persa al servicio de los asirios, menciona los archivos reales (βασιλικαὶ ἀναγραφαί). El uso de pieles curtidas se confirma en un pasaje de Heródoto (Hdt. 5.58.2). Ciertamente, no es esta la única mención de dichas fuentes persas. En Heródoto (Hdt. 7.100.1) leemos cómo los secretarios de Jerjes, durante una revista de tropas, iban tomando diligentemente nota de lo inspeccionado –ἀπέγραφον οἱ γραμματισταί– (cfr. I., *AI* 9.6.4; 11.6.10) y, como nos recuerda el *Libro de Ester* (Est. 6, 1), el rey Asuero (Jerjes I) se hacía leer las páginas de dichos anales para combatir el insomnio (H. Homeyer, «Zu den Anfängen der griechischen Biographie», *Philologus* 106, 1962, pp. 75-77 y R. Drews, «Assyria in Classical Universal Histories», *Historia* 14, 1965, pp. 138-42; D. Lenfant, *Ctésias de Cnide. La Perse, L'Inde, Autres fragments,* cit., pp. XXXVI-XXXIX).

Primeros reyes de Media

(5) Dice que, después del derrocamiento del Imperio asirio, los medos se colocaron a la cabeza de Asia, cuando Arbaces se convirtió en rey tras derrotar en la guerra a Sardanápalo, como se ha dicho previamente. (6) Tras gobernar durante veintiocho años, heredó la dignidad real su hijo Maudaces, que ostentó el poder en Asia durante cincuenta años. Después de él, reinó treinta años Sosarmo; Articas, cincuenta; veintidós, el llamado Arbianes; y Arteo, cuarenta.

Guerra entre medos y cadusios

33. (1) Bajo el reinado de este último, estalló una guerra entre los medos y los cadusios[92] por las siguientes razones. El persa Parsondes, admirado por su valentía, inteligencia y otras virtudes, era un amigo del rey[93] y el más influyente de todos miembros del consejo real. (2) Pero, disgustado por cierta decisión tomada por el rey, huyó con tres mil soldados de infantería y mil de caballería al país de los cadusios, donde él había entregado en matrimonio a su propia hermana al hombre que ejercía mayor poder en la región. (3) Convertido en rebelde y, tras persuadir a todo el pueblo de que se aferrara a su libertad, fue elegido general por su coraje. Después de averiguar que una gran fuerza había sido reunida contra él, Parsondes armó completamente al pueblo entero de los cadusios y acampó cerca de los accesos al territorio cadusio, con no menos de doscientos mil efectivos en total. (4) Cuando el rey Arteo marchó contra él con ochocientos mil hombres, Parsondes venció en la batalla, acabó con más de cincuenta mil enemigos y expulsó al resto de tropas de territorio cadusio. Por eso, admirado entre los nativos, fue elegido rey, hizo incursiones en Media constantemente y devastó todo el país. (5) Alcanzó una gran gloria y, a punto de morir de viejo, hizo que su heredero en el poder, que estaba de pie al lado, profiriera la imprecación de que los cadusios nunca depondrían su enemistad con los medos y que si pactaban acuerdos, los de

---

[92] Pueblo iranio de los confines del Cáucaso oriental y el Irán septentrional.

[93] Un título áulico.

su propio linaje y los cadusios serían completamente aniquilados. (6) Por esta razón, los cadusios siempre han tenido ani-
madversión por los medos y nunca se convirtieron en vasallos
de sus reyes, hasta que Ciro transfirió el dominio a Persia[94].

Guerra entre medos y sacas

34. (1) Después de la muerte de Arteo, Artines reinó veintidós años sobre Media y Astibaras[95], cuarenta. Bajo su reinado,
los partos[96], tras rebelarse contra los medos, pusieron su territorio y su capital en manos de los sacas[97]. (2) Por eso, porque
estalló una guerra durante bastante años entre los sacas y los
medos, hubo no pocas batallas y, después de que numerosos
hombres de ambos bandos fueron eliminados, al final, concer-
taron una paz en los siguientes términos: los partos quedarían
sujetos a los medos y cada bando sería dueño de lo que tenía
previamente, así como amigo y aliado del otro para siempre.

Zarinea, reina de los sacas

(3) Entonces reinaba sobre los sacas una mujer, que era faná-
tica de la guerra y destacaba mucho entre las mujeres sacas por
su arrojo y su actividad, cuyo nombre era Zarinea[98]. En general,
este pueblo tiene mujeres valerosas, que comparten con los
hombres los peligros de la guerra. Se dice que esta era la más

---

[94] El acontecimiento histórico es dudoso, pero aparece ahora ya Ciro el
Grande como el fundador del imperio tras su victoria sobre los medos del rey
Astiages.
[95] P. Briant (*Histoire de l'empire perse,* cit., p. 908) y D. Lenfant (*Ctésias
de Cnide. La Perse, L'Inde, Autres fragments,* cit., p. 80, n. 341) sugieren que
el antropónimo Astibaras podría ser un calco del título áulico persa (*arštibara*;
griego *doryphoros,* «portador de la lanza»).
[96] Los partos o parnos, conocidos después como el Imperio de los arsáci-
das, eran un pueblo iranio, al oeste de Media, que alcanzarían un gran poder
entre el 247 a.C. y el 224 d.C., siendo el gran enemigo de Roma en Oriente.
[97] Se trata de los escitas, nombre mediante el cual los griegos designaban
a los nómadas de las estepas.
[98] Fue habitual el vincular a los escitas con las amazonas, habiendo documentado la arqueología tumbas de mujeres escitas que, como guerreras, fueron enterradas con su armamento (A. Mayor, *Amazonas: Guerreras del mundo
antiguo,* Madrid, 2017).

distinguida de todas por su belleza y la más admirable por sus proyectos y empresas. (4) A los bárbaros vecinos, que, exaltados por su audacia, intentaban esclavizar al pueblo saca, ella los derrotó en la guerra, cultivó mucho territorio, fundó no pocas ciudades e hizo más feliz en general la vida de sus compatriotas. (5) Por eso, tras su muerte, los nativos, devolviéndole el favor de sus beneficios y recordando su virtud, edificaron una tumba muy superior a las que había en el país. Tras poner las bases de una pirámide triangular, construyeron cada uno de sus lados de tres estadios de largo y uno de alto, que se unían en la cima en punta. Metieron en la tumba una estatua colosal de oro, le otorgaron honores heroicos e hicieron todo lo demás con más magnificencia que las honras concedidas a sus antepasados. (6) Cuando el rey Astibaras de Media murió de viejo en Ecbatana[99], heredó el poder su hijo Aspandas, llamado Astiages por los griegos[100]. Después de ser vencido en la guerra por Ciro el persa, la realeza cayó en manos de los persas.

F6. Ateneo de Náucratis, *Banquete de los eruditos*, 12.40, p. 530d

Parsondes y Nánaro

Ctesias escribe en sus historias que Nánaro, gobernador del rey que ejercía el poder en Babilonia, usaba vestido femenino y adornos y que se presentaban para la cena ante él, que era escla-

---

[99] Capital del reino de los medos y una de las futuras capitales del Imperio aqueménida.

[100] El soberano medo que sería derrotado en el 550 a.C. por Ciro el Grande. Según Heródoto (1.107 ss.) se trataría del abuelo de Ciro, que habría entregado la mano de su hija Mandane al persa Cambises I. Astiages tuvo un sueño, un *omen imperii,* según el cual el hijo Mandane conquistaría toda Asia. Fue por dicha razón que encargó al noble medo Harpago que matara al niño, pero en lugar de matarlo lo entregó a un pastor para que lo criara. Cuando Ciro creció y mostró sus cualidades excepcionales, fue reconocido por Astiages y llevado junto a sus padres. Nos hallamos ante el mitema indoeuropeo del expósito que llega a ser rey, es salvado y criado por un animal (pensemos en Rómulo y Remo) y funda un gran imperio. En el caso de Ciro quizá se halle tras el nombre de su madre adoptiva, la pastora Espaco, la figura de una perra, nombre derivado del término *spaka* (antiguo persa *saka*), un forma dialectal meda cuyo significado es "perro", animal, por cierto, venerado por los zoroastrianos (Bibliografía sobre el tema en M. García Sánchez, *El Gran Rey de Persia. Formas de representación de la alteridad persa en el imaginario griego,* Barcelona, 2009, pp. 92-94).

vo del rey, ciento cincuenta mujeres que tocaban instrumentos
y cantaban. Ellas tocaban y cantaban mientras él cenaba.

**F6β*. Nicolás de Damasco (*Extractos de Sobre las virtudes* p. 330, 5
Büttner-Wobst = *FGrH* 90 F4) [L]**

(1) Dice que, en tiempos del rey Arbaces[101] de Media, sucesor del rey Sardanápalo de Asiria, estaba entonces en Media
Parsondes, muy bien considerado por su valor y fuerza, que era
muy elogiado en la corte del rey y en Persia, de donde era origi-
nario, por su prudencia y su apostura física. Además, era terriblemente bueno capturando fieras en el combate cuerpo a cuerpo y luchando desde un carro y a caballo. Este hombre, al ver a
Nánaro de Babilonia usando magníficos adornos por todo el
cuerpo, llevando pendientes, muy bien afeitado, con aspecto
afeminado y débil, intentó convencer a Arteo de quitarle el poder y dárselo a él, porque sentía mucha aversión hacia la persona en cuestión. Pero Arteo vacilaba en quebrantar lo convenido
por Arbaces y cometer una injusticia contra el babilonio. Después de acceder dos y tres veces a presencia de Arteo y escuchar
la misma respuesta, Parsondes se mantuvo tranquilo. Pero esto
no le pasó desapercibido a Nánaro. Tras enterarse de la intención del hombre, prometió grandes regalos a los comerciantes
de su propio país, si alguno apresaba y le llevaba a Parsondes, y
es que muchos de estos comerciantes siguen al ejército del rey.
(2) Por mala suerte, Parsondes, mientras cazaba, se alejó mucho
del rey en dirección a una llanura, no lejos de Babilonia. Tras
hacer ir a sus servidores a una arboleda cercana, les ordenó dar
gritos y alaridos para empujar a las fieras hacia la llanura y capturó muchos jabalíes y ciervos. Al final, persiguiendo a un asno
salvaje, se apartó muchísimo de los suyos, siguió solo y llegó a
Babilonia, donde estaban los comerciantes preparando productos del mercado para el rey. Al verlos, les pidió de beber a causa
de la sed. Ellos, contentos de ver a Parsondes, se le acercaban,
le servían de beber y, tras hacerse cargo de su caballo, le invita-
ron a almorzar. Él, como había estado cazando todo el día, no
escuchó tales cosas con desagrado y les ordenó enviar al rey el

---

[101] Se trata seguramente de un error, puesto que en el resto de este fragmento y en F5 §33 el rey en cuestión es Arteo.

asno que capturó y explicar a sus esclavos, que estaban en la arboleda, dónde se encontraba él. Ellos prometieron que lo harían todo y recostaron a Parsondes en un lecho. Le sirvieron en la mesa comida de todas clases y el vino más dulce para beber, deliberadamente bastante puro, para que se emborrachara. Cuando tenía más que suficiente del vino, pidió el caballo, para volver con el ejército del rey. Pero los comerciantes, que habían traído unas mujeres atractivas, se las mostraban e invitaban a marcharse al amanecer, después de dormir allí y de acostarse con ellas por la noche. Y él, al ver mujeres atractivas, se quedó, permaneció al raso y el sueño provocado por el sexo y la fatiga se apoderó de él. Ellos, tras hacer levantar a la mujer que dormía con él y caer sobre él muchos a la vez, ataron al individuo en cuestión de pies y manos y lo llevaron a Nánaro. (3) Este, cuando lo vio (pues Parsondes ya estaba sobrio del vino y supo en qué mal lugar estaba), le preguntó:

—Parsondes, ¿sufriste anteriormente tú o alguno de los tuyos algún mal de mi parte?

Él lo negó.

—Entonces, ¿qué? ¿Esperabas sufrir alguno?

—Yo, no –respondió Parsondes.

—¿Por qué empezaste a ser injusto conmigo, llamándome amanerado y pidiendo a Arteo mi reino como si yo fuera indigno y tú, noble? Le estoy muy agradecido a Arteo por no dejarse persuadir de quitarnos el poder que nos fue dado por Arbaces. Pero, ¿por qué has hecho esto, mala cabeza?

—Creía que yo era más digno de tener este cargo, porque soy más valiente y más útil al rey que tú, que vas afeitado, con la raya negra pintada bajo los ojos y la piel untada con polvo de plomo blanco –respondió Parsondes, sin adularlo en absoluto.

—¿No te avergüenzas tú, que eres tan importante, de haber sido apresado por alguien que es peor, después de ser derrotado por el estómago y el sexo? Pero yo, en no mucho tiempo, te haré más delicado y más blanco de piel que las mujeres –dijo Nánaro, y juró por Belo y Molis (así llaman a Afrodita los babilonios).

Después, llamó inmediatamente al eunuco a quien le eran confiadas las cantantes.

—A este, llévatelo y, después de afeitarle y frotarle con piedra pómez todo el cuerpo excepto la cabeza, báñalo dos veces al día, frótalo con yema de huevo y haz que le pinten la raya negra

bajo los ojos y le trencen el pelo, como a las mujeres. Que apren-
da a cantar, tocar la cítara y pulsar la lira, para que sea igual que
una mujer del servicio y esté con las cantantes, cuya forma de
vida compartirá, que tenga el cuerpo suave, lleve el mismo vestido y practique la misma técnica que ellas –especificó Nánaro.

Cuando dijo esto, el eunuco se encargó de Parsondes, lo afei-
tó entero excepto la cabeza, le enseñó lo que se le había ordenado y lo hizo vivir en interiores, bañándolo dos veces al día, sua-
vizando su cuerpo y haciéndole llevar la misma forma de vida
que las mujeres, como su señor había dispuesto. Después de no
mucho tiempo, el individuo en cuestión se hizo blanco, delicado
y afeminado, y cantaba y tocaba la cítara mucho mejor que las
cantantes (nadie que lo viera prestando servicio a Nánaro en el
banquete, habría dejado de tomarlo por una mujer) y se volvió
mucho más atractivo que aquellas con las que cumplía servicio
en cada ocasión. (4) El rey Arteo de Media, cuando se cansó de
buscar a Parsondes y de repartir regalos por si alguien lo encontraba vivo o muerto, supuso que había sido devorado por un
león u otra fiera en una cacería y se afligió mucho por él, porque
pensaba que era el más valiente. Cuando habían transcurrido
siete años en los que él tenía esta forma de vida en Babilonia,
Nánaro azotó duramente y torturó a uno de sus eunucos. Parsondes, animándolo con grandes esperanzas, lo persuadió de
intentar huir a Media, a la corte de Arteo, y de explicarle su situación al rey:

—Que vive y es maltratado, y comparte forma de vida con
las cantantes, Parsondes, tu viejo y belicoso amigo –debía decir.

Y cuando el eunuco le explicó esto, el rey se alegró, pero al
mismo tiempo, con un gran gemido, exclamó:

—¡Ay, qué maltrato a un hombre bueno! ¿Cómo ha soportado Parsondes, a quien yo conozco bien, que un enemigo femi-
nizara su cuerpo?

E inmediatamente envió a uno de sus más leales como ángaro[102] a Babilonia (pues así llamaban a los mensajeros del rey).
(5) Al mensajero que llegó y reclamó a Parsondes, Nánaro le
dijo que no y que nunca lo había visto desde que desapareció.
Cuando Arteo escuchó esto, envió otro ángaro mucho mejor y
más capaz que el anterior. Envió en un pergamino el mensaje de

---

[102] Gracias a Heródoto (8.98) sabemos que el servicio de mensajería del
Imperio aqueménida se denominaba *angaréion*.

que se desembarazara de sus tretas babilonias y de que le enviara de vuelta al hombre que había entregado a las cantantes y los
eunucos o no conservaría su cabeza. Escribió esto y, al mismo
tiempo, ordenó al hombre que si Nánaro no entregaba a Parsondes, lo cogiera del cinturón[103] y lo llevara a la muerte. Cuando el segundo mensajero llegó a Babilonia e hizo el anuncio,
Nánaro, temiendo por su vida, prometió entregar a la persona
en cuestión. Además, se defendió diciendo al ángaro que con-
venciera al rey de que había ido con razón contra el hombre que
había sido injusto con él en primer lugar. Pues habría sufrido
cosas peores de aquel, si el rey su señor no hubiera puesto su
mano derecha sobre él[104]. Después, desvió al ángaro hacia la
bebida y el sexo, brindándole hospitalidad. Cuando la cena estuvo servida, entraron las cantantes, ciento cincuenta mujeres,
entre las cuales estaba también Parsondes. Unas tocaban la cítara, otras la flauta, algunas pulsaban la lira, pero entre todas
destacaba especialmente por su belleza y técnica Parsondes,
considerado también él una mujer. Y cuando ya tenían más que
suficiente de la cena, Nánaro le preguntó al ángaro cuál le parecía a él que superaba a todas en hermosura y talento artístico.

—Aquella –dijo, sin vacilar en absoluto, señalando a Parsondes.

Nánaro, tras batir palmas, rio durante mucho tiempo y dijo:

—¿Quieres acostarte con ella esta noche?

—Desde luego –contestó el otro.

—Pues no te la daré –respondió Nánaro.

—¿Y por qué me has preguntado? –replicó el ángaro.

Tras dejar pasar un poco de tiempo, Nánaro respondió:

—Este es Parsondes, a por quien has venido.

Como el otro desconfiaba, él juró. Y él ángaro dijo:

—Me sorprende cómo un hombre valeroso ha soportado vivir convertido en una mujer y cómo no se ha matado, si no podía acabar con otros también. ¿Cómo lo soportará mi señor
cuando lo oiga?

—Yo fácilmente le enseñaré que no cometí injusticia alguna
–dijo Nánaro.

---

[103] El cinturón, más allá de una insignia real persa, era el símbolo del
vínculo entre el soberano y su súbdito (cfr. Diod. Sic. 17.30.4; P. Briant, *Histoire de l'empire perse,* cit., p. 337).

[104] Es decir, si no le hubiera protegido.

En ese momento intercambiaban tales impresiones y luego se durmieron. (6) Al día siguiente, el babilonio, tras meter a Parsondes en un carruaje cubierto[105], lo despachó junto con el ángaro. Cuando llegaron a Susa, donde estaba el rey, el ángaro le mostró al hombre. Después de estar durante mucho tiempo sin entender, porque veía que se había convertido en una mujer en lugar de un hombre, Arteo dijo:

—Desgraciado, ¿cómo soportaste ser maltratado así y no preferiste antes morir?

—Se dice, señor, que la necesidad es más fuerte incluso que los dioses. Yo he soportado vivir después de estos padecimientos, para poder verte y, además, vengarme de Nánaro por mediación tuya, lo que no me sería posible si moría. Pero, señor, no me engañes con otra esperanza, sino dame justicia frente a un hombre malvado.

Y Arteo se lo prometió, cuando llegara a Babilonia. No mucho tiempo después fue cuando Parsondes recuperó la naturaleza masculina y el rey llegó a Babilonia. Parsondes alborotaba todos los días con su venganza de Nánaro. Este vino a presencia del rey y afirmó que había obrado conforme a la justicia:

—Pues aquel, sin haber sufrido nada de mi parte, era el primero en calumniarme ante ti, diciendo que me mataras y le dieras a él el gobierno de Babilonia.

Arteo replicó que la petición de Parsondes era más justa:

—No era conveniente que tú juzgaras y dictaras tal sentencia, sino que la decisión me correspondía a mí. En fin, haré público lo que te corresponde en diez días –dijo.

Tras escuchar estas palabras, Nánaro estaba en un estado de miedo terrible y se refugió con Mitrafernes, que era el eunuco más influyente, y le prometió: diez talentos de oro, diez copas de oro y doscientas de plata, cien talentos en monedas de plata y muchos vestidos muy suntuosos; y al rey, cien talentos de oro, cien copas de oro y trescientas de plata, mil talentos en monedas de plata, multitud de vestidos y otros muchos bonitos regalos, si suplicaba a Arteo por su vida y por el reino de Babilonia. El eunuco partió junto al rey y, como era de primera categoría, le pidió muchas cosas y dijo que el hombre no era merecedor de la pena de muerte, pues no había matado a Parsondes, sino que, por haber sufrido una ofensa y padecido mucho, respondió con otra ofensa:

---

[105] Se trata de la persa *harmámaxa,* carro cubierto de cuatro ruedas.

—Pero incluso si es merecedor de la pena de muerte, concédeme, señor, esta gracia y esta súplica por él. El hombre te dará a ti, su señor, mucho oro y plata y a Parsondes una compensación por las cosas que hizo de cien talentos de plata –dijo. El rey se dejó persuadir por estas palabras y envió un mensaje con este resultado a Nánaro. Este se postró ante él, pero Parsondes, meneando la cabeza, dijo:

—Ojalá muriese el primero que descubrió el oro al género humano, por eso yo me he convertido ahora en hazmerreír para un hombre babilonio.

El eunuco, al darse cuenta de que se lo tomaba a mal, dijo:

—Buen amigo, deja de estar enfadado, hazme caso y hazte amigo de Nánaro, pues esto quiere nuestro señor.

Pero Parsondes aguardaba una ocasión de vengarse, si podía, del eunuco y de Nánaro, y la encontró y se vengó.

(Véase *Sobre las estratagemas*)

F6c. *Suda*, s.v. *exekeklēkei* [L]

Exekeklēkei (él les había hecho salir): Se levantó de la cena. Al caer la noche, había hecho salir a los servidores de Nánaro.

F6d*. *Suda*, s.v. *sphodroū* [L]

Sphodroū (excesivo): Espléndido, caro. Cuando el consumo de bebida se volvió excesivo, Parsondes, como estaba poniendo una emboscada, él mismo bebía poco, pero ordenaba al servidor que a ellos les sirviera mucho.

F7. Anónimo, *Sobre las mujeres, 2*

Zarinea y Estriangeo

Zarinea: esta, después de que muriera su primer marido y hermano Cidreo, rey de los sacas, se casó con Mérmero, soberano del país de los partos. Cuando el rey de Persia emprendió una campaña en su contra, ella, que participó en la guerra y resultó herida, huyó. Perseguida por Estriangeo, suplicó y fue salvada. Después de no mucho tiempo, su marido, tras haberlo capturado, quiso matar a Estriangeo, que estaba en sus manos. Ella le pidió salvarlo, pero no lo persuadió. Tras desatar a algunos prisioneros, con su ayuda acabó con Mérmero y, tras entregarle su territorio al persa, hizo un tratado de amistad con él, como escribe Ctesias en sus historias.

F7b. Tzetzes, 12.887-892 [893-898 Kiessling] [L]

Conoce tú a los sacas, un pueblo que inventó el escudo llamado *saco,* cuyas mujeres combaten con los hombres, como también han dicho Ctesias y decenas de miles más: «Las mujeres de los sacas luchan a caballo» y, otra vez, «Un hombre, un tal Estriangeo de Media, tiró del caballo a una mujer saca».

F7c. *Suda,* s.v. *eprytaneuse* [L]

Eprytaneuse (propuso): ofreció, proveyó. Envía regalos para una amistad y alianza, que Estriangeo propuso.

F8a. Demetrio, *Sobre el estilo,* 213 [cfr. T14a]

Un tal Estriangeo, un medo, tiró a una mujer saca del caballo, pues en el país de los sacas las mujeres combaten como las amazonas[106]. Contemplando a la saca, atractiva y guapa, la soltó para que se salvara. Después, cuando se hizo una tregua, pese a estar apasionadamente enamorado de la mujer, no tenía éxito. Resolvió dejarse morir de hambre, pero primero escribió una carta a la mujer reprochándole lo siguiente: «yo te salvé y tú te salvaste gracias a mí, pero yo me he muerto por tu culpa».

F8b. Papiro de Oxirrinco 2330

«(…?) que dejabas atrás un sacrilegio». Él dijo:
—Venga, en primer lugar escribiré una carta a Zarinea.

---

[106] Véase *supra,* p. 98, n. 98.

Y escribió: «Estriangeo dice así a Zarinea: yo te salvé y tú te salvaste gracias a mí, pero yo he perecido por tu culpa, me he matado, pues no quieres ser agradable conmigo. Estos males y este amor yo no los elegí personalmente, sino que el amor me aniquiló. Este dios es común a ti y a todos los seres humanos. Al que le llega de forma favorable, le da los mayores placeres y le hace los mayores bienes, pero cuando llega enfadado, como a mí ahora, después de llevar a cabo los mayores males, al final aniquila y arranca de raíz. Lo pruebo con mi muerte. Yo no te maldeciré en absoluto, pero te haré la súplica más justa: si me hicieras justicia, (…)»

F8c*. Nicolás de Damasco (*Extractos de Sobre las virtudes* p. 335, 20 Büttner-Wobst = *FGrH* 90 F5) [L]

Dice que, después de la ejecución del rey Mármaro de los sacas, Estriangeo estaba desde hacía tiempo apasionadamente enamorado de Zarinea en silencio y ella, de él. Y cuando este hombre estaba cerca de la ciudad de Roxanace[107], donde estaba el palacio real de los sacas, le salió al encuentro Zarinea y, tras mirarlo con mucho alborozo, lo saludó, lo besó a la vista de todos, subió a su carro y, conversando, llegaron al palacio real. Zarinea acogió también al espléndido ejército que lo seguía. Después, Estriangeo se apartó de ella en dirección a su alojamiento, gimiendo de amor por Zarinea. Como no lo soportaba, se lo contó al más leal de los eunucos que lo acompañaban. Él, infundiéndole valor, le animaba a que, tras desembarazarse de su gran cobardía, se lo dijera a la propia Zarinea. Y él, persuadido, se levantó y se marchó junto a ella. Cuando ella lo acogió con alegría, después de demorarse mucho, de gemir y de cambiar de color, se atrevió sin embargo y le dijo que, a causa de una violenta pasión, ardía de deseo por ella. Pero ella, tras rechazarlo muy suavemente, dijo que el asunto era vergonzoso y dañino para ella, pero que para él era mucho más feo y dañino porque tenía por esposa a Retea la hija de Astibaras, de la cual había oído que era mucho más hermosa que ella misma y que todas las demás mujeres. Él debía demostrar valor no solo ante

---

[107] Leemos una variante del topónimo en Esteban de Bizancio (*s.v. Roxonokaía*).

los enemigos, sino también ante tal situación, cuandoquiera
que algo caía sobre el espíritu. Y por un placer breve como el
que podría obtener de unas concubinas, no debía afligir durante mucho tiempo a Retea, cosa que haría si ella se enteraba. Le
dijo que se olvidara de esto y le pidiera otra cosa, pues no fra-
casaría con ella en nada. Después de que ella dijera estas palabras, él se mantuvo callado durante mucho tiempo. Luego, la
saludó con cariño y se retiró, pero estaba en un estado de gran
desánimo y se quejaba al eunuco. Finalmente, tras escribir una
carta en un pergamino, hizo jurar al eunuco que, cuando él se
suicidara, entregaría sin decir nada el pergamino a Zarinea.
Había escrito: «Estriangeo dice a Zarinea lo siguiente: Yo te
salvé y fui responsable de tu bienestar actual, pero tú me has
matado y me has hecho indiferente a todo. Si esta conducta
tuya ha sido justa, ojalá que obtengas todas las cosas buenas y
seas feliz, pero si ha sido injusta, ojalá que experimentes este
sufrimiento mío. Pues tú me has animado a convertirme en lo
que soy». Tras escribir esto, lo colocó bajo su almohada y pidió
la espada para marcharse valientemente al Hades. Pero el eunuco (…)

3. HISTORIAS DE PERSIA

F8d*. Nicolás de Damasco (*Extractos de Sobre las conspiraciones*
p. 23, 23 de Boor = *FGrH* 90 F66) [L]

Subida al poder y reinado de Ciro

Origen de Ciro

(1) Afirma que en Asia, cuando murió el rey Astibaras de los
medos, recibió el poder su hijo Astiages[108], de quien la tradición dice que fue el más noble después de Arbaces. En tiempos
de este rey se produjo un gran cambio, durante el cual el dominio pasó de los medos a los persas, por el siguiente motivo. (2)
Había una costumbre entre los medos: cualquier pobre que, a
causa del alimento, se dirigía a un hombre rico y se entregaba a
él para que le alimentara y vistiera, era considerado igual que

---

[108] Véase *supra*, p. 99, n. 100.

un esclavo suyo; pero, si quien lo cogía no le suministraba esto, le era posible irse con otro. (3) Cierto muchachito, cuyo nombre era Ciro, de origen mardo[109], se dirigió a un servidor real que estaba entre los que decoraban el palacio real. Ciro era hijo de Atradates, que, a consecuencia de la pobreza, se dedicaba al bandidaje, su esposa, cuyo nombre era Argoste, la madre de Ciro, vivía de pastorear cabras. (4) Ciro se entregó para ser alimentado por este hombre, decoraba el palacio y era cuidadoso. El supervisor le dio un vestido mejor, lo trasladó de los decoradores exteriores a los interiores y lo recomendó al rey y al supervisor de estos últimos. Este era duro y muchas veces azotaba a Ciro. Y él se pasó al portalámparas. Este lo apreciaba y lo llevaba cerca del rey, para que estuviera entre los que llevaban la lámpara al rey. (5) Como tenía buena reputación entre ellos, se pasó a Artembares, que supervisaba a los coperos y él mismo ofrecía la copa al rey para beber[110]. Él lo recibió de buena gana y le ordenaba que ejerciera de copero para los compañeros de mesa del rey[111]. No mucho tiempo después, cuando Artembares veía cómo de bien y con cuánta atención servía y con cuánta distinción entregaba la copa, el rey le preguntó a Artembares de dónde era el jovencito que era tan buen copero. Y él le dijo:

—Señor, es tu esclavo, de origen persa, de la tribu de los mardos, que se entregó a mí por el alimento.

---

[109] En este caso, Ctesias, como Nicolás de Damasco después (Nic. Dam., *FGrHist.*. 90, F 66, 2-10), bebe de una tradición que hacía de Ciro el hijo de un bandolero, Atradates, y de Argoste, una pastora de cabras, de la tribu persa de los mardos. Debemos relacionar esta historia con el motivo folklórico mesopotámico –pensemos en Sargón– del ascenso de un villano a la realeza. Tampoco podemos perder de vista el hecho de que la ocupación de sus padres, pastores y nómadas, señala a Ciro como hijo de unas gentes menos civilizadas que las de los pueblos que se dedican a la agricultura, apelando a un lugar común de la etnogeografía griega, esto es, que el nomadismo iba ligado a la barbarie y la vida sedentaria a la civilización (P. Briant, *État et pasteurs au Moyen-Orient ancien,* París, 1982, pp. 40, 70-71 y 78; R. Drews, «Sargon, Cyrus and Mesopotamian Folk History», JNES 33, 1974, p. 389).

[110] Sin duda, un título áulico de origen asirio mantenido por los aqueménidas (Hdt. 3.34).

[111] La mesa del Rey no solamente servirá para designar a su círculo de nobles más próximo, sino también simbolizará la riqueza del imperio a través de todos los productos servicios en las comidas (P. Briant, «Table du Roi, tribut et redistribution chez les Achéménides», en P. Briant y Cl. Herrenschmidt [eds.], *Le tribut dans l'empire perse. Actes de la Table ronde de Paris 12-13 Décembre 1986,* Paris,1989, pp. 35-44; M. García Sánchez, *El Gran Rey de Persia,* cit., pp. 327-343).

(6) Artembares era anciano y, cuando tuvo fiebre, suplicó al rey que lo despachara a casa hasta que recuperara la salud:

—En mi lugar, este jovencito que tú elogias –dijo, refiriéndose a Ciro– será tu copero. Lo adoptaré como hijo, aunque soy eunuco[112], si a ti, señor, te resulta agradable haciendo de copero.

Astiages lo aprobó y él se retiró, tras encargarle muchas cosas a Ciro y darle muestras de afecto como a un hijo. Y Ciro, de pie, le daba la copa al rey, le hacía de copero noche y día y dejaba entrever mucha prudencia y valor. (7) Artembares murió de esta enfermedad, después de adoptar a Ciro. Astiages le dio todos los bienes de Artembares y muchos otros regalos, como si fuera su hijo. Y Ciro era importante y su renombre se difundía por todas partes.

Sueño de Argoste

(8) Astiages tenía una hija, muy noble y hermosa, que entregó a Espitamas de Media con toda Media como dote. (9) Ciro hizo venir a su padre Atradates y su madre Argoste del país de los mardos y ellos llegaron junto a él, que era importante. Su madre le explicó un sueño, cuando, embarazada de él, mientras dormía en un recinto sagrado, le pareció verlo, en la época en la que pastoreaba cabras en el país de los mardos.

—Pues me pareció que, estando embarazada de ti, Ciro, orinaba tanto que la cantidad de orina era igual al flujo de un río caudaloso, inundaba toda Asia y fluía hasta el mar –dijo ella[113].

Al escucharla, el padre ordenó comunicarlo a los caldeos de Babilonia. Ciro, después de llamar al más culto de ellos, se lo explicó. Y él contestó que el bien predicho era grande y conllevaba la primera posición política en Asia, y que debía ocultarlo para que Astiages no lo oyera.

—Pues a ti te matará de muy mala manera y a mí también, por ser el intérprete del sueño –aseguró él.

Se juraron mutuamente que no dirían a nadie que la visión era significativa y sin parangón con ninguna otra. (10) Des-

---

[112] Los eunucos eran unos importantes personajes áulicos, además de los custodios del harén real. Véase *supra*, p. 75, n. 58.

[113] Ctesias nos refiere una variante de la historia narrada por Heródoto. Véase *supra*, p. 99, n. 100.

pués, tras volverse mucho más importante, Ciro hizo sátrapa[114] a su padre y a su madre, la primera de las persas en riqueza y poder.

Encuentro de Ciro y Ebaras

(11) Entonces, los cadusios eran enemigos del rey y tenían como jefe a Onafernes, el cual había traicionado a su pueblo y era partidario del rey. Tras enviar un mensajero a Astiages, le pidió un hombre leal para discutir con él lo relativo a la traición. Y él le envió a Ciro, para ayudarle en todo, pero determinó que debería volver a Ecbatana en cuarenta días. Y el intérprete del sueño le infundía valor para marcharse al país de los cadusios y le llenaba de confianza en sí mismo. (12) Se le metió en la cabeza a Ciro, porque era noble y magnánimo por naturaleza, que, como la divinidad los apoyaba, era necesario que los persas se rebelaran, intentaran apartar a Astiages del poder y confiaran en el babilonio, que era muy experto en las cosas divinas. Se infundían valor mutuamente. El babilonio, a Ciro, diciéndole que él estaba destinado a derrocar a Astiages y asumir su dignidad real y que él mismo sabía esto perfectamente. Por su parte, Ciro infundía valor al babilonio, diciéndole que lo honraría en consonancia con los grandes acontecimientos, si él mismo se convertía en rey. Reflexionaba cómo también Arbaces previamente, tras apartar a Sardanápalo, le quitó su dignidad real.

«Y ni los medos, en los que aquel confiaba, son mejores que los persas, ni Arbaces era más inteligente que yo, la suerte y el destino me lo predicen a mí, como antes a él», se decía.

(13) Mientras reflexionaba sobre esto, le salió al encuentro, cuando Ciro estaba en las fronteras del país de los cadusios, un hombre que había sido azotado y transportaba estiércol en una cesta. Tomándolo como un presagio, consultó con el babilonio

---

[114] Nuestro 'sátrapa' deriva, pues, del griego *satrápēs* y a través del latín *satrăpa*. En ambos casos nos encontramos frente a una transcripción del antiguo persa *xšaçaθrapāvan* o quizás del iranio *xšaθrapāvan,* un compuesto de *xšaças* (poder real), y de un derivado de la raíz *pā* (separar de). Hay quien considera que el término griego derivaría del medo **xaθrapāvā* (protector del reino). Es posible que nos hallemos aquí frente a un anacronismo, ya que todo apunta a que, si quizás Ciro creó el sistema de satrapías, la división administrativa en provincias del imperio fue obra de Darío I (Th. Petit, *Satrapes et satrapies dans l'empire achéménide de Cyrus le Grand à Xerxès,* Paris, 1990).

y él le ordenó averiguar quién era el hombre y de qué origen. Aquel hombre respondió a Ciro, cuando quiso averiguarlo, que era persa y que su nombre era Ebaras. Él se alegró mucho, pues «Ebaras» en griego significa «portador de buenas noticias». El babilonio dijo a Ciro que los demás signos eran óptimos:

—Porque es un persa, compatriota tuyo, y porque lleva estiércol de caballo, que presagia riqueza y poder, como también su nombre –explicó.

Rápidamente, Ciro acogió al individuo en cuestión y le exhortaba a unirse a él y él se dejó convencer.

Ebaras, consejero de Ciro

(14) Después, llegó junto a Onafernes al país de los cadusios e intercambiaron garantías sobre la traición y volvió a Media. Honró a Ebaras con un caballo, vestido medo y servidumbre y lo mantuvo cerca, porque vio que tenía buen juicio y porque el babilonio le exhortaba a dialogar con él. Tras tomarlo poco a poco como camarada, lo hizo también su consejero. Y una vez llegó a decir unas palabras en el sentido de que le molestaba ver a los persas maltratados por los medos, a pesar de que su naturaleza no era en absoluto peor. (15) Y Ebaras replicó:

—Ciro, en efecto no hay ahora ningún hombre con altura de sentimiento y pensamiento que quiera poner freno a los medos, que se consideran dignos de gobernar a gentes mejores que ellos.

—¿Cómo es que no lo hay, Ebaras? –dijo Ciro.

—Quizá lo haya, pero está imbuido de mucha y mala cobardía, a causa de la cual no hace nada, aun siendo capaz.

—Y si apareciera un hombre audaz, ¿cómo podría llevar esto a cabo? –preguntó Ciro.

—Primero, atrayéndose a los cadusios; ellos quieren a los persas y odian mucho a los medos. Luego, infundiendo valor y armando a los persas, que son alrededor de cuatrocientos mil y que querrían rebelarse con alegría debido a lo que han sufrido a manos de los medos. Los persas tienen un territorio muy adecuado para esto, porque es pedregoso y montañoso, contra el cual, si los medos quisieran hacer una campaña, terminarían mal.

—Si apareciera un hombre que lo hiciera, ¿compartirías el riesgo con él? –siguió preguntando Ciro.

—Desde luego, por Zeus, si fueras tú quien lo emprendiera, puesto que tu padre manda sobre los persas y tú eres †el más preparado†[115] y el más capaz, pero si no, quien apareciera tendría mi apoyo –contestó Ebaras.

(16) Después, Ciro le descubrió todo su propósito y empleó a este Ebaras como consejero, viendo que era un hombre inteligente y valiente, y que ponía todas sus esperanzas en él. Ebaras lo aprobaba, le inspiraba buenas ideas y lo guiaba, incluso en que era necesario, después de enviar un mensajero a su padre Atradates, ordenarle armar a los persas, en teoría para que estuvieran listos para el rey contra los cadusios, pero de hecho para la rebelión; y, a continuación, para pedirle días a Astiages, para ir a Persia para hacer sacrificios votivos por el rey y su salvación, así como por la de su padre, porque se encontraba mal por una enfermedad.

—Pero si se hace esto, hay que ponerse manos a la obra en todo el proceso con valor. No es terrible, Ciro, emprender grandes acciones, arriesgar la vida y sufrir, si hace falta, el destino que ya esperan sufrir los que no hacen nada –dijo Ebaras.

(17) Ciro se alegró de la nobleza del hombre y, al mismo tiempo, para infundirle valor, le explicó el sueño de su madre y la interpretación del babilonio sobre él. Y Ebaras, como era muy astuto, lo animaba mucho más y le recomendó vigilar al babilonio para que no anunciara el sueño al rey:

—Si es que no toleraras matarlo, que sería lo mejor… –sugirió Ebaras.

—Eso sería horrible –zanjó Ciro.

(18) A partir de entonces, Ebaras y el babilonio comían y estaban con Ciro. Como el persa tenía miedo de que el babilonio le dijera a Astiages lo del sueño, fingía realizar unos ritos ancestrales en honor a la luna por la noche y pedía a Ciro víctimas sacrificiales, vino, esclavos, mantas y las demás cosas que necesitaba. Solicitaba a Ciro que ordenase a los servidores obedecerlo a él. Ciro dio estas órdenes y no participó en el sacrificio. Después de tramarlo Ebaras, <él> preparaba lo demás <para la> noche y unos gruesos colchones de paja, sobre los que podrían disfrutar cómodamente de un festín, y cavó un agujero muy profundo en su tienda. Cuando lo había hecho todo, invitó al babilonio a un festín, lo emborrachó y, tras ex-

---

[115] El texto entre obeliscos es corrupto.

tenderle el colchón sobre el agujero, para que se recostara en él, lo empujó al fondo del orificio. Y a su servidor lo arrojó con él al agujero. (19) Al ponerse Ciro en movimiento al amanecer, Ebaras viajó con él. Cuando no habían avanzado mucho, Ciro preguntó por el individuo en cuestión. Primero, Ebaras dijo que lo habían dejado atrás, durmiendo todavía por la borrachera. Pero, cuando Ciro se indignó, al final desveló la verdad: que él lo mató porque veía que era la única salvación para Ciro y sus hijos. Muy disgustado por los hechos y todavía más enfadado, tanto, que no dejaba acercarse a Ebaras, más tarde cambió de opinión, lo dejó acercarse y lo empleó como consejero sobre los mismos asuntos. A la mujer del babilonio, cuando hizo averiguaciones sobre su marido, le dijo que había muerto a manos de bandidos y que él mismo le había hecho un funeral.

(20) Después, Ebaras instruía a Ciro, que había llegado a la corte, y lo animaba con lo que se proponían hacer: enviar mensajeros a Persia, armar a los que fueran jóvenes, y pedir a Astiages que le diera unos días para hacer sacrificios y cuidar a su padre enfermo, que se encontraba mal. (21) Él se dejó persuadir, las armas ya estaban listas y Ciro pidió al rey pasar a Persia, para sacrificar en su nombre y ver a su padre, que estaba malo. Pero el rey no se le concedió, porque quería estar con él por buena voluntad. Ciro estaba en un estado de desánimo, manifestando a Ebaras que había fracasado. Y él le infundía valor y de nuevo le ordenaba que, tras dejar pasar unos días, renovara su petición al rey, diciendo que tendría éxito, pero que era necesario servirlo con más denuedo todavía que antes y que, cuando hiciera la petición, la hiciera a través de otro y no personalmente. (22) Ciro partió a la corte y solicitó al eunuco más leal que, cuando hubiera ocasión, pidiera al rey para él un permiso para retirarse. Cuando una vez vio que el rey estaba en plena diversión y borrachera, le hizo un gesto con la cabeza al eunuco para que le dijera al rey:

—Ciro, tu esclavo, te pide que le permitas hacer los sacrificios en tu nombre que una vez te suplicó, para que tú mismo estés bien de salud y, a la vez, cuidar a su padre que está débil.

Astiages, llamó a Ciro, le dio, sonriendo, un límite de cinco meses y le ordenó que volviera al sexto. (23) Tras postrarse[116],

---

[116] Se trata de la *proskýnesis* (beso y postración de hinojos frente al soberano), cuyo origen nos retrotrae al ceremonial asirio conocido como *la-*

nombró en su lugar como copero del rey a Tiridates, hasta que él volviera, y regresó gozoso con Ebaras. Este le ordenó ponerse inmediatamente en movimiento, tras llevarse consigo a los servidores. Y (pues él mismo era el encargado) dispuso todo por la noche y, al amanecer, estaban de camino a Persia.

Astiages, informado del plan de rebelión de Ciro

(24) La mujer del babilonio que explicó el sueño a Ciro, la cual había escuchado de su marido, cuando estaba vivo, la visión que Ciro le contó a él, después de que se le muriera el marido, convivía con su cuñado. Aquella noche, acostada con él, le oyó decir que Ciro, que se había convertido en alguien importante, había partido hacia Persia. Ella le contó el sueño y su interpretación, como la había escuchado de su primer marido: que sería rey de los persas. (25) Al amanecer, este hombre llegó discretamente a la corte de Astiages. Cuando le preguntó un eunuco a la entrada, lo anunció todo: cómo oyó de su mujer que el marido fallecido de ella, un experto en las cosas divinas, había explicado a Ciro, a propósito de una visión que había tenido, que sería rey y que por eso se había marchado ahora a Persia. Y añadió que, no hacía mucho, él mismo había escuchado esto de su esposa y que le había explicado claramente cada detalle del sueño y la interpretación. Como estaba muy inquieto, Astiages preguntó al babilonio:

—¿Qué es necesario hacer?

—Matarlo tan pronto como vuelva, pues esa es la única seguridad posible –respondió él. (26) Astiages, tras despachar al babilonio, reflexionaba algo más sobre sus palabras. Mientras bebía al atardecer, llamó a las concubinas que eran bailarinas y tañedoras de cítara. Y una de ellas, cantando, dijo lo siguiente:

---

bān appi, que causó entre los autores clásicos y bíblicos (Est. 3, 2-6) un rechazo sin igual en tanto que manifestación por antonomasia del servilismo de un pueblo frente a un mortal. Ese gesto de respeto debe ser exclusivo para las divinidades (R. N. Frye, «Gestures of Deference to Royalty in Ancient Iran», *IA* 9, 1972, p. 103; M. García Sánchez, *El Gran Rey de Persia,* cit., pp. 238-242). De hecho, se trataba de un besamanos con la boca cubierta y una pequeña inclinación, tal como podemos ver en el relieve del Tesoro de Darío I en Persépolis. Nunca una genuflexión como denunciaron los autores clásicos.

—El león que tenía como súbdito al jabalí, lo soltó en su espesura, donde, después de hacerse mucho más fuerte, le causó dolor y, a pesar de ser más débil, terminó por dominar al más fuerte.

Mientras ella cantaba esto, Astiages pensaba que la canción estaba dirigida a él. Inmediatamente, envió contra Ciro trescientos soldados de caballería, a los que ordenó que lo convocaran de vuelta y, si no les seguía, que lo trajeran después de cortarle la cabeza. (27) Ellos partieron y, cuando llegaron junto a Ciro, le explicaron las palabras de Astiages. Y él, porque era astuto o porque se lo aconsejó Ebaras, dijo:

—¿Cómo no voy a ir si me llama mi señor? Pero cenad y por la mañana regresaremos a su lado.

Ellos lo aprobaban. Y él, tras trocear muchas víctimas sacrificiales y bueyes, asados a la manera persa, ofreció su hospitalidad a los soldados de caballería y los emborrachó. Previamente, había mandado un mensajero a su padre pidiéndole enviar mil soldados de caballería y cinco mil de infantería a Hirba, otra ciudad que se encontraba más adelante en el camino, y armar a los demás persas muy rápidamente, como si lo ordenara el rey, pues no puso de manifiesto la verdadera razón. (28) Después del convite, mientras los soldados de caballería estaban entregados al sueño, él mismo y Ebaras, como estaban, montaron a caballo y se fueron. Llegaron a Hirba cuando era todavía de noche y Ciro armó a su gente y formó en orden de batalla a los que habían llegado con su padre, como para un combate. Él mismo se colocó en el ala derecha y Ebaras, en la izquierda. (29) El efecto del vino se les pasó a los que habían partido por la mañana de la corte de Astiages y, al darse cuenta, persiguieron a Ciro y llegaron a Hirba. Al encontrar un ejército formado en orden de batalla, se lanzaron como para una batalla. Allí, al principio, Ciro, demostrando gran valor, con tres persas mató a doscientos cincuenta soldados de caballería. Los demás huyeron a la corte y anunciaron todo. (30) Y el rey, tras golpearse el muslo, dijo:

—Ay de mí, ¡cuántas veces, aun sabiendo que no hay que hacer el bien a los malvados, sin embargo sucumbo a las buenas palabras! Yo que, al acoger también a Ciro, un vil cabrero de origen mardo, me he causado tan impresionante ruina a mí mismo. Pero ahora no gozará de lo quiere.

Tras llamar inmediatamente a los generales, les ordenó reunir a la tropa. Cuando estuvieron reunidos alrededor de un millón de soldados de infantería, doscientos mil de caballería y tres mil carros, marchó contra Persia. (31) Allí el ejército ya había sido armado por Atradates, que lo sabía todo. Eran trescientos mil soldados de infantería ligera, cincuenta mil soldados de caballería y cien carros armados con hoces. Cuando la fuerza se concentró con Ciro en un solo lugar, les dirigió una arenga.

(Véase *Sobre los discursos ante el pueblo*)

Primera batalla entre persas y medos

(32) Después, él mismo y su padre formaron el ejército en orden de batalla y proclamaron general a Ebaras, un hombre prudente y expeditivo, que ocupó con guarniciones los desfiladeros y las montañas más altas, trasladó al conjunto de la población desde las ciudades sin murallas a las bien amuralladas y fortificó puestos de vigilancia, donde era oportuno. (33) Después de no mucho tiempo, llegó Astiages con su ejército y quemó completamente las ciudades desiertas. Enviando mensajeros a Ciro y su padre Atradates, profería muchas amenazas, les echaba en cara su pobreza previa y les ordenaba volver a su corte, pues solo los ataría con gruesas cadenas:

—Pero si sois capturados, malos como sois, tendréis un mal fin –añadió.

—Tú, Astiages, no conoces la fuerza de los dioses, tú que no sabes que los cabreros nos vemos impulsados por los dioses a la acción, que seguimos hasta el final. En vista de que nos has hecho un favor, porque los dioses te lo han metido en la cabeza, te exhortamos a que retires tus fuerzas y permitas que los persas, que son mejores que los medos, sean libres, para que no te veas privado también de los demás pueblos por intentar esclavizar a los persas –respondió Ciro.

Esto anunció el mensajero a Astiages. (34) A consecuencia del enfado, sacó al ejército para la batalla y lo desplegó. Él mismo, montado a caballo, se colocó en vanguardia con veinte mil lanceros a su alrededor. Enfrente iba Ciro, después de colocar a Atradates en el ala derecha y a Ebaras en la izquierda, mientras que él estaba en el centro con las tropas persas de élite. Entonces, se produjo una batalla terrible, Ciro y los restantes persas mataron a muchísimos hombres. Astiages, se quejó en su trono, diciendo:

—¡Ay de mí, los persas comedores de terebinto[117], qué buenos son en la guerra!

Y, enviándoles mensajeros, amenazaba a sus propios generales con las cosas que sufrirían si no vencían a sus adversarios.

Segunda batalla entre persas y medos

(35) Cansados los persas por la cantidad de enemigos, que atacaban por turnos, recularon y se retiraron a la ciudad frente a la que combatían. Cuando entraron, Ciro y Ebaras les infundían valor, diciéndoles que ellos habían matado a más hombres que los enemigos y les exhortaban a enviar a sus mujeres e hijos a Pasargada (la montaña más alta)[118] y a salir al día siguiente y alzarse finalmente con la victoria.

—Pues todos estamos destinados a morir, <victoriosos> o derrotados, y, es mejor, si hace falta, sufrir la muerte con la victoria, después de haber liberado la patria –exclamaban.

(36) Dicho esto, a todos les dominó el enfado y el odio contra los medos y, al amanecer, tras abrir las puertas, se lanzaron al ataque a las órdenes de Ciro y Ebaras. Atradates protegía la muralla con los viejos. Se lanzó al contraataque una gigantesca cantidad de filas de guerreros de Astiages, con soldados de infantería pesada y de caballería. Cien mil combatientes habían rodeado la ciudad, como ordenó Astiages, para tomarla, y enviaron a Atradates, cubierto de heridas, al rey. Los partidarios de Ciro, después de luchar noblemente, huyeron a Pasargada,

---

[117] El terebinto, o mejor el pistacho salvaje *(pistacia terebinthus; pistacia atlantica; pistacia vera)*, era un alimento consumido en la ceremonia de coronación (Plut., *Artax.* 3.2) y que algunos han asociado a la preparación de la bebida zoroástrica consistente en zumo de la planta de haoma, leche y granada triturada, proporcionadora del furor guerrero (M. Boyce, *A History of Zoroastrianism under the Achaemenians,* Leiden, 1982, p. 208). También será habitual en los autores clásicos (Nic Dam., *FGrHist.* 90, F 66, 34; Ael., *VH* 3.39) el ver a los persas como comedores de pistachos. Es probable que lo que leemos en los autores antiguos como *pistacia* no sea la *pistacia terebinthus,* sino la *pistacia vera,* traída al oeste desde Bactria después de las conquistas de Alejandro (Theophr, *Hist. pl.* 4.4.7), y que el término griego *pistákion* no apareciese en griego antes de las conquistas del macedonio. Es probable también que el término en antiguo persa fuera **pistaka.*

[118] Pasargada era el nombre de la tribu a la que se vinculaban los aqueménidas. Tras la victoria sobre el medo Astiages en el 550 a.C., Ciro fundó una capital del imperio, seguramente también un paraíso, a treinta kilómetros de Persépolis, y en donde, con posterioridad, se ubicó la tumba de Ciro.

donde tenían a sus mujeres e hijos. (37) Astiages, cuando el padre de Ciro fue llevado ante él, dijo:

—Tú que estás ahí fuiste para mí un buen sátrapa, a quien yo estimé, pero menudo agradecimiento me habéis demostrado tú y tu hijo.

—No sé, señor, qué dios despertó la locura en mi hijo, pero tú no me tortures, pues, en este estado, exhalaré el último suspiro en tu presencia –replicó el viejo, a punto de expirar.

El rey, se compadeció de él y le dijo:

—No te torturaré en absoluto, pues sé que, si tu hijo te hubiera hecho caso, no habría hecho esto, sino que ordeno que te hagan un funeral, porque no compartías con él esta locura.

(38) A Atradates, que murió rápido, le hicieron un buen y bonito funeral y Astiages se dirigió a Pasargada a través de caminos estrechos. A uno y otro lado había rocas lisas y la montaña, cortada en pico, era alta. Con diez mil soldados de infantería pesada, Ebaras vigilaba los accesos para atravesarla por en medio y no había esperanza de pasar.

Combates en las cercanías de Pasargada

(39) Cuando lo supo, Astiages ordenó rodear la montaña a cien mil hombres describiendo un círculo, hasta que, después de encontrar un camino difícil, escalaron y alcanzaron la cima. Ebaras y Ciro huyeron con el grueso del ejército por la noche a otra montaña, más baja que la anterior. (40) El ejército de Astiages los siguió inmediatamente y los persiguió rastreando sus huellas entre las montañas. Entonces, el ejército de Astiages atacaba y combatía con mucho denuedo mientras ascendía por la montaña. Había barrancos por todas partes y frondosidades de olivos silvestres. Los persas combatían todavía más noblemente, aquí donde Ciro los impulsaba y allá donde lo hacía Ebaras, que les iba recordando a sus mujeres e hijos, así como a sus ancianos padres y madres, a quienes era vergonzoso dejar a merced de los medos para que los despedazaran y torturaran. Ellos, al escucharlos, se sentían fuertes, bajaban con un alarido, arrojando, por falta de proyectiles, incontables piedras, y proferían insultos desde la montaña contra los enemigos. (41) De alguna manera, Ciro llegó a la casa de su padre, donde, pastoreando cabras cuando era pequeño, vivía al raso.

Hizo un sacrificio allí, después de encontrar harina de trigo y madera de ciprés y laurel, poniéndolas en el suelo y frotándolas para hacer fuego, como si estuviera cansado y se encontrara sin salida. Inmediatamente, hubo un relámpago y un trueno a su derecha y Ciro se postró. Además, unos pájaros de buen agüero, posándose en su casa, le presagiaron que llegaría a Pasargada. (42) Después, cenaron y durmieron en la montaña. Al día siguiente, confiados en los presagios, bajaron a atacar a los enemigos, que ya habían escalado la montaña, y estuvieron combatiendo valerosamente durante mucho tiempo. Astiages colocó cincuenta mil hombres al pie de la montaña y les ordenó matar a los que tuvieran miedo en la subida o huyeran abajo hacia ellos. Obligados por la necesidad, los medos y sus aliados subían contra los persas. (43) Entonces, cansados por la cantidad de enemigos, los persas huían a la cima de la montaña, donde estaban sus esposas. Ellas, levantándose los vestidos[119], gritaban:

—¿Dónde vais, cobardes? ¿O es que os vais a meter por donde nacisteis?

Por eso, cuando el rey llega a Pasargada, regala oro a las mujeres persas y reparte a cada una el equivalente de veinte dracmas áticas. (44) Los persas, avergonzados por lo que vieron y oyeron, se volvieron contra los enemigos y, corriendo sobre ellos de una sola acometida, los expulsaron de la montaña y mataron a no menos de sesenta mil. Astiages no renunció al asedio.

(Véase *Sobre las hazañas y estratagemas*)[120]

Victoria de Ciro

(45) Después de muchos acontecimientos ocurridos entremedias, Ciro entró en la tienda[121] de Astiages, se sentó en su trono y cogió su cetro. Los persas lo aclamaron y Ebaras le puso la *cídaris*[122], diciendo:

---

[119] Just. *Epit* 1.6.14.

[120] Obra no conservada.

[121] La tienda del rey aqueménida era un símbolo de la monarquía itinerante (P. Briant, «Le nomadisme du Grand Roi», *IA* 23, 1988, pp. 253-273, p. 269).

[122] La corona real (Aesch., *Per.* 661-2; Ar., *Av.* 480-485, comparando al Gran Rey con un gallo; Hdt. 7.61; Xen., *An.* 2.5.23; Xen., *Cyr.* 8.3.13; Arr.,

—Tú eres más digno de llevarla que Astiages, puesto que la divinidad te la da por tu virtud, y los persas son más dignos de reinar que los medos.

Fueron trasladando todas las riquezas a Pasargada, bajo la dirección de Ebaras, que había nombrado también supervisores. Era incontable también el botín que los persas, tras dedicarse al pillaje por las tiendas privadas, fueron acumulando. (46) Después de no mucho tiempo, se difundían rumores por todas partes de la fuga y derrota de Astiages, y de cómo alguna divinidad le había arrebatado el poder. Las personas y los pueblos le hacían defección. El primero en llegar fue Artasiras, comandante de los hircanios. Trajo a Ciro un ejército de cincuenta mil hombres, se postró y dijo que otro mucho mayor estaba preparado si lo ordenaba. Después, se presentaron los partos, los sacas y los bactrianos y, unos tras otros, todos estaban tan empeñados que se daban prisa, porque cada uno quería llegar antes que el otro, hasta que Astiages se quedó atrás con unos pocos y, cuando, no mucho después, Ciro se lanzó contra él, lo venció muy fácilmente en batalla y fue conducido a su presencia como prisionero.

F9. Focio, *Biblioteca*, p. 36a9-37a25 (§ 1-8)

Sumisión de Astiages

(1) Sobre Astiages, Ctesias afirma desde el principio que Ciro no tenía ninguna relación de parentesco con él, lo llama

---

Anab. 3. 25.3; 6.28.3. Referida algunas veces como κίδαρις ο κίταρις (Plut., *Araxt.* 28.1; Arr., *Anab.* 4.7.4; Curt. 3.3.19: *cidaris*), κυρβασία (Hdt. 5.49; Hdt. 7.64) o φάλαρος (Aesch., *Pers.* 661 s.). No obstante, hay que extremar la prudencia sobre la tiara recta (τιάρα ὀρθή), ya que en la iconografía aqueménida el Gran Rey aparece representado siempre con corona o con tiara cilíndrica, almenada con picos o puntas o dentada, no con tiara recta (D. Schlumberger, «La coiffure du Grand Roi», *Syria* 48, 1971, pp. 375-383). Quizás nos hallamos frente a la creación griega de una insignia regia de la alteridad aqueménida (D. Schlumberger, art. cit., p. 382; B. Goldman, «Darius III, the Alexander Mosaic and the Tiara Ortho», *Mesopotamia* 28, 1993, pp. 51-69, p. 57; M. García Sánchez y M. Albaladejo Vivero, «Diademas, tiaras y coronas de la antigua Persia: formas de representación y de adopción en el mundo clásico», en C. Alfaro Giner, J. Ortiz García, M. Antón Peset [eds.], *Tiarae, Diadems and Headdresses in the Ancient Mediterranean Cultures. Symbolism and Technology*, Valencia, 2014, pp. 79-94, pp. 81-87).

Astigas, que huyó de la vista de Ciro a Ecbatana[123] y se ocultó
en las cabezas de carnero de las habitaciones del palacio real,
después de que lo escondieran su hija Amitis[124] y Espitamas, el
marido de ella. Ciro se detuvo y ordenó a Ebaras que interroga-
ra mediante tormento a Espitamas, pero también a sus hijos
Espitaces y Megabernes, acerca de Astigas. Pero él se denunció
a sí mismo para que los niños no fueran sometidos a tormento
por su causa. Tras ser capturado, fue atado con gruesas cadenas
por Ebaras, pero liberado por el propio Ciro, que lo honró
como a un padre. Su hija Amitis gozó primero de honores ma-
ternales, pero luego Ciro la tomó por esposa, después de acabar
con su marido Espitamas porque había mentido al decir que no
sabía nada de Astigas, cuando estaba en busca y captura. Ctesias dice esto de Ciro y no es como lo que cuenta Heródoto[125].

Guerra contra los bactrianos

(2) También dice que hizo la guerra contra los bactrianos[126]
y la batalla fue igualada, pero, cuando los bactrianos comprendieron que Astigas se había convertido en el padre de Ciro y
Amitis, en su madre y esposa, ellos mismos se entregaron voluntariamente a Amitis y Ciro.

Guerra contra los sacas

(3) También dice que Ciro hizo la guerra contra los sacas[127]
y apresó a Amorges, rey de los sacas y marido de Esparetra, la
cual reunió un ejército después de la captura de su marido, con-

---

[123] Capital del reino medo convertida en otra de las capitales del Imperio aqueménida.
[124] Heródoto solo menciona a Mandane como hija de Astiages (Hdt. 1.107).
[125] En Heródoto Ciro contrae matrimonio con Casandane (Hdt. 3.2.3) (M. García Sánchez, *El Gran Rey de Persia,* cit., p. 191).
[126] Bactria se sitúa en el norte del actual Afganistán y jugó un papel como satrapía otorgada al segundo en la línea de sucesión aqueménida (M. García Sánchez, «The Second after the King and Achaemenid Bactria on Classical Sources», cit.). Para Heródoto dicha campaña se trató solo de un proyecto (Hdt. 1.107).
[127] Escitas habitantes de la zona del Pamir, en Asia central, al nordeste de Bactria.

tinuó la guerra contra Ciro, conduciendo una tropa de trescientos mil hombres y doscientas mil mujeres. Venció a Ciro y apresó vivo, entre otros muchos, a Parmises, el hermano de Amitis, y a tres de sus hijos, gracias a los cuales después también Amorges fue liberado, cuando ellos, a su vez, obtuvieron la libertad.

Guerra contra Sardes y trato dispensado a Creso

(4) También afirma que emprendió una campaña contra Creso y la ciudad de Sardes[128], en colaboración con Amorges. Cómo, por consejo de Ebaras, tras mostrar por encima de la muralla unos maniquíes de los persas hechos de madera, sembró el temor entre los habitantes y gracias a esto la propia ciudad fue tomada. Cómo, antes de la captura, fue entregado el hijo de Creso, en calidad de rehén, porque una aparición divina engañó a Creso. Cómo, después de que Creso urdiera intrigas, su hijo fue asesinado ante sus ojos. Cómo la madre, al ver este sufrimiento, se precipitó desde la muralla y murió. (5) Cómo, una vez tomada la ciudad, Creso se escapó al templo urbano de Apolo y cómo, encadenado tres veces en el templo por Ciro, se desató sin ser visto otras tantas veces, aunque los precintos del templo estaban intactos y su vigilancia se había confiado a Ebaras. Cómo a los que estaban encadenados con Creso les cortaron la cabeza, en la idea de que habían cometido traición al desatar a Creso. Y que, llevado al palacio real y atado con más fuerza, al caer rayos y truenos, Creso se desató otra vez y entonces fue soltado por Ciro, a regañadientes. A partir de ese momento, fue tratado con respeto y Ciro le dio a Creso la gran ciudad de Barene[129], cerca de Ecbatana, en la cual había cinco mil soldados de caballería y diez mil de infantería ligera, tiradores de jabalina y arqueros.

Final de Astiages

(6) Trata además cómo Ciro envió a Persia al eunuco Petesacas, que tenía mucha influencia sobre él, para traer a Astigas

---

[128] Capital del reino lidio y para los autores griegos una ciudad relacionada con las embajadas enviadas al Gran Rey. El rey Creso fue derrotado por Ciro en el año 547-546 a.C.

[129] La ciudad solo aparece mencionada en Ctesias.

desde el país de los barcanios[130]. Pues él mismo y su hija Amitis deseaban ver a su padre. Y cómo Ebaras aconsejó a Petesacas que abandonara a Astigas en un lugar desierto, lo dejara morir de hambre y sed, lo cual también sucedió. Una vez revelado el sacrilegio en sueños, Amitis lo pidió repetidamente y Petesacas le fue entregado por Ciro con vistas al castigo. Ella, después de sacarle los ojos y desollarlo, lo empaló[131]. Temiendo sufrir un destino similar aunque Ciro insistía en afirmar que no toleraría nada semejante, Ebaras se dejó consumir de inanición durante diez días y puso fin a su propia vida. Astigas tuvo un funeral magnífico y su cadáver permaneció en el desierto sin ser devorado, pues unos leones, dice Ctesias, estuvieron vigilando el cuerpo hasta que Petesacas regresó y lo recogió.

Expedición contra los derbices

(7) Ciro emprendió una campaña contra los derbices[132], cuyo rey era Amoreo. En una emboscada, los derbices sacaron elefantes y pusieron en fuga a los soldados de caballería de Ciro. El propio Ciro cayó del caballo y un hombre indio (pues junto a los derbices combatían los indios, de quienes habían obtenido los elefantes), este indio, arrojó una jabalina a Ciro, que estaba en el suelo, y lo golpeó por debajo de la cadera en el muslo, a resultas de lo cual murió. Mientras estaba vivo, sus allegados lo levantaron y lo llevaron al campamento. En la batalla murieron también muchos persas e igual número de derbices, pues de ellos también fallecieron diez mil. Amorges, después de oír las noticias sobre Ciro, se presentó a prisa con veinte mil soldados de caballería sacas y, cuando se libró un combate entre persas y derbices, ganó con contundencia el ejército de persas y sacas. El rey Amoreo de los derbices y sus dos hijos murieron, así como treinta mil derbices y nueve mil persas, y el territorio se sometió a Ciro.

---

[130] Solo Ctesias menciona este territorio o futura satrapía.
[131] La crueldad y severidad de las penas capitales de los persas es un lugar común de las fuentes clásicas, en especial la mostrada por las mujeres del Gran Rey (M. García Sánchez, *El Gran Rey de Persia,* cit., p. 208).
[132] Pueblo que habitaba al este del mar Caspio. Su rey Amoreo nos es desconocido.

Muerte de Ciro

(8) Ciro, cuando estaba a punto de morir, nombró rey a Cambises, su primer hijo, y al más joven, Tanioxarces, lo proclamó señor de los bactrianos, de los coramnios, partos y carmanios[133], estableciendo que tuviera el control de estos territorios exentos de impuestos. De los hijos de Espitamas, designó a Espitaces como sátrapa de los derbices y a Megabernes, de los barcanios, y les ordenó obedecer en todo a su madre. Procuró hacerlos amigos de Amorges y unos de otros, sellándolo con apretones de manos. Y hacía votos por su bien si perseveraban en la buena voluntad mutua, pero los maldecía en el caso de que comenzasen a cometer injusticias. Dijo esto y murió al tercer día de recibir la herida, tras reinar treinta años. Con esto se acaba el libro undécimo de Ctesias de Cnido.

F9a. Tzetzes, *Quilíadas*, 1.90-103 [87-100 Kiessling]

Final de Astiages

Ctesias afirma que Astiages, cuando fue derrocado por Ciro, se convirtió, por orden suya, en comandante de los barcanios. Dice que Ebaras, el gran general de Ciro, colocó por la noche frente a Sardes, sobre estacas enormes, maniquíes de madera vestidos. Así perturbó a los lidios y se apoderó de la ciudad. Después va contando la captura de Creso. Ciro había enviado a Petesacas a Astiages, para ver, a su llegada, a Amitis con Astiages. Amitis, que era hija de Astiages, pensando que este primer eunuco, el noble Petesacas, había conspirado contra el tal Astiages, le sacó los ojos tras desollarlo vivo. Lo ensartó en un palo y lo puso como pasto para los pájaros[134].

---

[133] Otros nombres de este segundo hijo atestiguados en las fuentes son Esmerdis (Hdt. 3.30), Tanaoxares (Xen, *Cyr.* 8.8.2), Mardos (Aesch., *Pers.* 770-775), Mergis (Just. *Epit.* 1.9.4-11) y Bardiya (DB § 10).

[134] Véase nota 131 en página anterior.

F9b. Teón, *Ejercicios de retórica*, 7 (118 Spengel II)

Toma de Sardes

En el libro noveno de Ctesias: cómo, cuando, al rayar el alba, vieron desde lejos, los maniquíes de los persas, sobre largos maderos, apoyados contra la ciudadela, los lidios se dieron a la fuga, porque creyeron que la ciudadela estaba llena de persas y ya había sido tomada.

F9c. Polieno, *Estratagemas*, 7.6.10

Ciro, que sitiaba Sardes, tras colocar contra las murallas muchos maderos grandes, del mismo tamaño, por la noche les añadió él en persona unos maniquíes con barba, vestido persa, carcaj a la espalda y arcos en las manos[135], que sobresalían alrededor de los muros de la ciudadela. Al comenzar el día, él lanzaba un ataque contra las otras partes de la ciudad. El ejército de Creso estaba contrarrestando los ataques de Ciro, cuando unos soldados, al darse la vuelta, vieron desde lejos los maniquíes por encima de la acrópolis y gritaron. El miedo se apoderó de todos, en la idea de que la acrópolis ya había sido tomada por los persas. Tras abrir las puertas, huían, uno por aquí, otro por allá, y Ciro se apoderó de Sardes por asalto.

F9d*. Esteban de Bizancio, *Léxico étnico*, s.v. Barene [L]

La ciudad de Barene

Barene: ciudad de Media cerca de Ecbatana.

F10a. Apolonio, *Historias maravillosas*, 20

Camellos caspios

Ctesias, en el libro décimo de *Historias de Persia,* dice que en la región hay unos camellos que tienen el pelo parecido a la lana

---

[135] El arco y el carcaj son en el imaginario griego, desde las fuentes literarias a la iconografía cerámica, característicos y representativos de los soldados persas (M. García Sánchez, *El Gran Rey de Persia,* cit., p. 302).

de Mileto por su suavidad y que los sacerdotes y potentados llevan vestidos confeccionados con él.

F10b. Claudio Eliano, *Historia de los animales,* 17.34

Las cabras caspias son extremadamente blancas, sin cuernos, de tamaño pequeño y chatas. Los camellos son más en número, los más grandes son como los caballos más grandes y tienen muy buen pelo. En efecto, su pelo es muy delicado, como para compararlo con la lana de Mileto por su suavidad. Los sacerdotes se ponen vestidos confeccionados con él, así como los caspios más ricos y poderosos.

F11. Esteban de Bizancio, *Léxico étnico,* s.v. Dirbeos

Dirbeos

Dirbeos: pueblo que se extiende hasta Bactria y la India. Ctesias, en el libro décimo de *Historias de Persia,* dice: «un territorio está situado hacia el sur, el país de los dirbeos, que se extienden hacia Bactria y la India. Son hombres felices, ricos y muy justos. Ellos ni cometen injusticias ni matan a ningún ser humano. Si encuentran en el camino algo de oro, un manto, plata u otra cosa, no lo mueven. Ellos ni hacen pan ni lo comen ni tienen la costumbre de <...>, si no es por sacrificios, pero hacen una harina de cebada bastante fina, como los griegos, y comen tortas de hierbas».

F12. Esteban de Bizancio, *Léxico étnico,* s.v. Coramnios

Coramnios

Coramnios: pueblo persa de salvajes. Ctesias, en el libro décimo, dice: «el salvaje es tan rápido que captura los ciervos incluso corriendo tras ellos». Y afirma muchísimas otras cosas sobre ellos.

F13. Focio, *Biblioteca*, p. 37a26-40a5 (§ 9-33)

Reinado de Cambises

Funeral de Ciro y eunucos importantes en la corte de Cambises

(9) El libro duodécimo empieza con el reinado de Cambises. Este, cuando se hizo rey, envió el cadáver de su padre a través del eunuco Bagapates a Persia para recibir honras fúnebres y organizó lo demás como su padre había fijado[136]. Artasiras de Hircania tenía la mayor influencia sobre él y, entre los eunucos, Izabates, Aspadates y Bagapates, el cual era el más influyente ante su padre después de la muerte de Petesacas.

Expedición contra Egipto

(10) Este Cambises emprendió una campaña contra Egipto[137] y el rey de los egipcios Amirteo, y venció a Amirteo porque el eunuco Combafis, que era el que mayor influencia tenía sobre el faraón, entregó al enemigo los puentes y las demás infraestructuras de los egipcios, a cambio de convertirse en gobernador de Egipto. Y así fue. Cambises pactó esto con él con la mediación de Izabates, primo de Combafis, y después él mismo de viva voz. Tras coger vivo a Amirteo, no le hizo ningún otro daño excepto deportarlo a Susa con seis mil egipcios a quienes escogió en persona. Puso todo Egipto bajo su propio control. En la batalla, murieron cincuenta mil egipcios y siete mil persas.

---

[136] Ciro fue inhumado en Pasargada, en donde se halla su tumba. Entre la muerte de un Gran Rey y la toma de posesión de su sucesor se imponía un período de luto y en relación al cual existían toda una serie de prescripciones rituales. La dinámica de los funerales consistía en el traslado del féretro del Gran Rey difunto hasta la tumba real, la extinción del fuego personal del Gran Rey y una ceremonia de estado (P. Briant, «Le roi est mort: vive le roi!. Remarques sur les rites et rituels de succession chez les Achéménides», en J. Kellens [ed.], *La religion iranienne à l'époque achéménide. Actes du Colloque de Liège, 11 décembre 1987,* Gand, 1991, pp. 1-11).

[137] Cambises II incorporó en el 525 a.C. el Egipto de Psamético III al Imperio aqueménida y creó la flota persa (H. T. Wallinga, «The Ancient Persian navy and its predecessors», en H. Sancisi-Weerdenburg [ed.], *Achaemedid History I. Sources, Structures and Synthesis,* Leiden 1987, pp. 66-72). La noticia de Jenofonte (Xen, *Cyr.* 1.1.4; 8.6.20) de que ya Ciro conquistó el país del Nilo no es más que la voluntad del historiador ateniense de magnificar la figura de su monarca ideal.

Fratricidio de Cambises

(11) Cierto mago[138], cuyo nombre era Esfendadates, que había cometido un delito y había sido azotado por Tanioxarces, llegó a Cambises calumniando a su hermano Tanioxarces, como si conspirase contra él. Como señal de rebelión le daba que si era convocado para venir, no vendría. Cambises comunicó a su hermano que viniera, pero él, puesto que otra necesidad le exigía quedarse, demoraba su venida. Y el mago se tomaba más libertades con las calumnias. Amitis, la madre, como tenía sospechas de lo del mago, advertía a su hijo Cambises que no se dejara convencer y él contestaba que no lo haría, pero estaba muy convencido.

(12) Al tercer mensaje que Cambises envió a su hermano, este se presentó y su hermano el rey lo acogió con alegría, pero no tenía menos intención de acabar con él y se esforzó en llevar a la práctica su intención a escondidas de Amitis. Y llevó a término la acción. Pues el mago, que había puesto su proyecto en común con el rey, trazó el siguiente plan: el propio mago tenía un fuerte parecido con Tanioxarces. Planeó que Cambises ordenara públicamente que a él, supuestamente por haber hablado en contra del hermano del rey, le cortaran la cabeza, pero en secreto que Tanioxarces fuera ejecutado y el mago se pusiera su vestido, para que todos pensaran que era Tanioxarces gracias a su traje. Y esto es lo que sucedió: Tanioxarces fue ejecutado con la sangre de toro que bebió[139], el mago se puso sus ropas y todos pensaron que era Tanioxarces.

---

[138] Los magos eran los sacerdotes del mazdeísmo (A. De Jong, *Traditions of the Magi. Zoroastrianism in Greek and Latin Literature,* Leiden, 1997, pp. 387-403).

[139] Lo cierto es que la sangre de toro, aunque así se pensó en la antigüedad, no es tóxica y, por tanto, su ingestión no puede actuar como pócima letal. Ahora bien, quizá sí acompañaba de un veneno persa cuya composición desconocemos, si bien entre los candidatos destacan la *cicuta virosa* o *maculata,* el *tanacetum vulgare* y el *helleborus niger.* Ctesias, a pesar de ser médico, no nos transmitió tampoco su composición, pero sí nos informó en cambio de que un mago estuvo implicado en la muerte de Esmerdis, y no olvidemos que los magos fueron reputados especialistas en plantas medicinales y venenos (A. Touwaide, «Le sang de taureau», *AC* 48, 1979, pp. 5-14; K. F. Kitchell, Jr. y L. Allison Parker, «Death by bull's blood. A natural explanation», en W. J. Cherf [ed.], *Alpha to omega. Studies in Honor of George John Szemler,* Chicago, 1993, pp. 123-141). Por otra parte, además de ser

(13) Durante mucho tiempo, esto les pasó desapercibido a todos, excepto a Artasiras, Bagapates e Izabates. Pues solo a estos Cambises confió la acción[140]. Cambises, tras llamar a Labixo, el primer eunuco de Tanioxarces, y a los demás, mostrándoles en secreto al mago, cómo representaba su papel, sentado.

—¿Pensáis que este es Tanioxarces? –dijo.

—¿Quién más podemos pensar que es? –replicó Labixo, sorprendido.

Hasta tal punto pasaba inadvertido el mago debido al parecido. Fue enviado a Bactria[141] y lo hizo todo como si fuera Tanioxarces. Cuando transcurrieron cinco años, el asunto fue denunciado a Amitis, a través del eunuco Tibetes, a quien el mago precisamente había golpeado. Y Amitis pidió a Esfendadates a Cambises, pero él no se lo dio y ella lo maldijo y murió tras beber un veneno.

Final de Cambises

(14) Cambises hizo un sacrificio y, cuando las víctimas fueron degolladas, no manaba sangre y se desanimó. Y Roxana[142] le parió un niño sin cabeza y se desanimó más. Los magos le dijeron la explicación de los prodigios: que no dejaría tras de sí un sucesor para el poder. Y se le apareció por la noche su madre amenazándole por el asesinato y se desanimó más. Llegó a Babilonia y, mientras tallaba una figurita de madera con un cuchillo como pasatiempo, se hirió en el muslo hasta el músculo y murió a los diez días, tras reinar dieciocho años[143].

---

un veneno letal en las creencias de los antiguos, beber sangre de toro constituía también en el derecho religioso arcaico una ordalía por sangre, y la sangre de un animal consagrado y sacrificado a los dioses tenía un valor probatorio decisivo.

[140] En Heródoto (3.61-63) solo Cambises, Prexaspes y dos magos conocen la muerte de Esmerdis.

[141] Tanioxarces había sido nombrado gobernador de Bactria.

[142] Una de las hermanas que, según Heródoto (3.31), tomó como esposa.

[143] Ctesias yerra con los años de reinado de Cambises II (530-522 a.C.), tal como nos lo indican Heródoto (3.66), las fuentes babilónicas y la *Inscripción de Behistún*.

Reinado del mago y complot contra él

Desenmascaramiento del mago y subida al poder de Darío

(15) Bagapates y Artasiras, antes de que Cambises muriera, habían planeado que reinara el mago y fue rey, cuando él murió. Tras tomar el cuerpo de Cambises, Izabates lo llevó a Persia[144]. Mientras reinaba el mago con el nombre de Tanioxarces, Izabates llegó de Persia y, después de acusar al mago ante todo el ejército y divulgar el asunto, huyó al templo, pero fue apresado y sacado de allí, y le cortaron la cabeza.

Complot de los 7 contra el mago

(16) Entonces, siete distinguidos persas hicieron un pacto mutuo contra el mago: Onofas, Idernes, Norondabates, Mardonio, Barises, Atafernes y Darío, hijo de Histaspes[145]. Después de intercambiar garantías, se les unió Artasiras, luego también Bagapates, que tenía todas las llaves del palacio real. Gracias a Bagapates, los siete entraron en el palacio real y encontraron al mago acostado con una concubina babilonia. Cuando él los vio, se levantó de un salto y, como no encontró ningún arma de guerra (pues Bagapates las había retirado todas poco a poco a escondidas), tras romper un asiento de oro y coger una pata, estuvo luchando y al final murió, apuñalado por los siete, tras reinar siete meses[146].

Designación de Darío como rey

(17) De los siete, reinó Darío[147], porque su caballo, según estaba convenido entre ellos, fue por alguna artimaña o truco el primero en relinchar, cuando el sol salió por el este[148].

---

[144] Desconocemos dónde se halla la tumba de Cambises.

[145] La lista de conjurados es en Heródoto (3.70): Ótanes, Intafrenes, Gobrias, Megabixo, Aspatines e Hidarnes. En la *Inscripción de Behistún* (DB IV § 68): Vindafarna, Utāna, Gaubaruva, Vidarna, Bagabuxša y Ardumaniš.

[146] Heródoto coincide (3.67), pero en *Inscripción de Behistún* (DB I § 11-13) son tres meses, siendo siete los meses transcurridos desde la conjura al asesinato del mago.

[147] Octubre de 522 a.C.

[148] (Hdt. 3.84.3). En la tradición persa es posible que el rey debería ser confirmado a través de algún *omen* del dios solar, en donde fuese indispensa-

Conmemoración de la muerte del mago

(18) Los persas celebran la festividad de la matanza de los magos, cada aniversario del día en que Esfendadates el mago fue ejecutado[149].

Reinado de Darío

Tumba de Darío

(19) Darío ordenó que se le construyera una tumba en la montaña lisa[150] y se construyó. Pese a que deseaba verla, se lo impidieron los caldeos y sus padres. Sus padres querían ascender, pero, cuando los sacerdotes que los subían vieron <serpientes>[151] tuvieron miedo y, al tenerlo, soltaron las cuerdas, entonces cayeron y murieron. Darío se disgustó mucho y les cortó la cabeza a quienes los habían subido, que eran cuarenta.

Expediciones contra Escitia

(20) Dice que Darío ordenó a Ariaramnes, sátrapa de Capadocia, cruzar a Escitia y tomar prisioneros a hombres y mujeres[152]. Y él, después de cruzar con treinta barcos de cincuenta

---

ble la presencia del caballo como animal asociado a dicha divinidad y también consagrado a Ahura Mazda y a Mitra (P. Lehmann-Haupt, «Dareios und sein Pferd», *Klio* 18, 1923, pp. 59-64). En Justino leemos: «creen los persas que el sol es el único dios y precisamente a este dios consideran consagrados los caballos» (Just. *Epit.* 1.10.5).

[149] El día de la muerte de los magos a manos de los siete conjurados se convirtió en el motivo de una gran fiesta: la matanza de los magos o Magofonía. Heródoto (3.79.3) nos informa que en ese día ningún mago podía ser visto en público (J. Wiesehöfer, *Der Aufstand Gaumatas und die Anfänge Dareios I*, Bonn, 1978, pp. 175-178).

[150] Según otra lectura, "en la montaña doble". La lectura escogida y traducida sugiere que la montaña fue alisada deliberadamente con vistas a la construcción. Se trata de su tumba en Naqš-i Rustam, a 8 kilómetros de Persépolis (H. Sancisi-Weerdenburg, «The Zendan and the Ka'bah», en H. Koch y D. N. Mackenzie [eds.], *Kunst, Kultur und Geschichte der Achämenidenzeit und ihr Fortleben*, Berlin, 1983, pp. 145-151; M. García Sánchez, *Persépolis*, Barcelona, 2017, pp. 78-83).

[151] "Serpientes" es una conjetura que rellena una posible laguna.

[152] Se trata de la campaña escítica del 513-512 a.C. (B. Gallotta, *Dario e l'Occidente. Prima delle guerre persiane*, Milano, 1980, pp. 55-85).

remos, tomó prisioneros. Capturó también al hermano del rey de los escitas, Marsagetes, tras encontrarlo encadenado por orden de su propio hermano a causa de una fechoría. Escitarques, el rey de los escitas, se enfadó, escribió una carta insultando a Darío y recibió una respuesta de este en términos muy parecidos.

(21) Tras reunir un ejército de ochocientos mil hombres y unir las dos orillas del Bósforo con un pontón, cruzó el Istro hacia Escitia, después de recorrer una ruta de quince días. Se dispararon flechas unos a otros, pero los escitas fueron superiores. Por eso, Darío huyó[153], cruzó los puentes, se dio prisa y soltó los cables antes de que cruzara todo el ejército. Los ochenta mil que fueron dejados atrás en Europa murieron a manos de Escitarques. Después de cruzar el puente, Darío prendió fuego a las casas y templos de los calcedonios, porque tenían la intención de soltar los cables de los puentes que tenían cerca y porque hicieron desaparecer el altar, a nombre de Zeus Diabaterio[154], que levantó Darío al pasar.

Primera Guerra Médica

(22) Datis, que regresaba del Ponto y dirigía la flota meda[155], devastó las islas y Grecia continental. En Maratón[156], Milcíades salió a hacerles frente y derrotó a los bárbaros, el propio Datis cayó y ni siquiera fue devuelto su cuerpo a los persas, a pesar de que lo pidieron.

Final de Darío

(23) Darío volvió a Persépolis, hizo sacrificios, estuvo treinta días enfermo y falleció, tras vivir setenta y dos años y reinar

---

[153] La huida de Darío como una muestra de la cobardía persa fue célebre en la representación de la alteridad persa en el imaginario clásico (Just. *Epit.* 2.3.2; M. García Sánchez, *El Gran Rey de Persia*, cit., p. 116).

[154] Es decir, el que cruza. Ctesias está aplicando aquí una tradición griega al cruce del río por Darío, ritual no documentado entre los persas (A. De Jong, *Traditions of the Magi*, cit., p. 262).

[155] Desconocemos qué hacía el comandante medo Datis en el mar Negro. En Heródoto (6.118) Datis parte de Cilicia, de este a oeste, y vuelve a Asia.

[156] Es sorprendente lo poco que se ha conservado de Ctesias en relación a la Primera Guerra Médica (492-490 a.C.) y la batalla de Maratón (490 a.C.), nada de la Revuelta Jónica (499-494 a.C.).

treinta y uno[157]. También murió Artasiras. Bagapates falleció tras estar sentado junto al cuerpo siete años.

Reinado de Jerjes

Entorno de Jerjes

(24) Reinó su hijo Jerjes y Artápano, el hijo de Artasiras, se hizo muy influyente ante él como su padre lo había sido ante el padre del nuevo rey, así como también el anciano Mardonio. Entre los eunucos, Natacas tenía la mayor influencia. Jerjes se casó con la hija de Onofas, Amestris. Y tuvo un hijo, Darío, y otro al cabo de dos años, Histaspes, y además, Artajerjes y dos hijas, cuyos nombres eran Amitis, por la abuela, y Rodogune[158].

Motivos de la Segunda Guerra Médica

(25) Jerjes emprendió una campaña contra los griegos[159] porque los calcedonios, como ya se ha dicho, intentaron soltar los cables del puente, porque derribaron el altar que colocó Darío y porque los atenienses acabaron con Datis y ni siquiera devolvieron el cadáver[160].

Rebelión de Babilonia

(26) Pero previamente llegó a Babilonia, deseó ver la tumba de Belitanas y la vio gracias a Mardonio. No pudo llenar el sar-

---

[157] En el año 486 a.C. Según las fuentes cuneiformes y Heródoto (7.4), su reinado fue de treinta y seis años.

[158] El nombre de Amestris coincide con Heródoto, aunque para el autor de Halicarnaso su padre fue Ótanes. En documentos neobabilónicos aparece la forma ac. *mārat šarri* para referirse a la hija de Jerjes, sin que sepamos si se trata de Amitis o Rodogune (M. Brosius, *Women in Ancient Persia (559-331 BC)*, p. 29; J. Auberger, «Ctésias et les femmes», *DHA* 19/2, 1993, pp. 253-272).

[159] Del 480 al 479 a.C.

[160] En otra tradición, el motivo de Jerjes es mucho más frívolo: contar en la mesa del Gran Rey con higos del Ática (Dino, *FGrHist.* 690, F 12; Plut., *Reg. et. imp. apophth.* 1 = *Moralia* 173C; cfr. Ath. 652B-C; Clem. Al., *Paed.* II, 3, 1).

cófago de aceite, como estaba escrito[161]. Jerjes salió hacia Ecbatana, se le anunció la rebelión de Babilonia[162] y el asesinato por
los rebeldes del general Zopiro. Así informa sobre ello Ctesias y
no como Heródoto. Lo que este dice sobre Zopiro, excepto que
le parió una mula, y lo demás, aquel dice que lo llevó a cabo
Megabizo, que era yerno de Jerjes por su hija Amitis. Así, Babilonia fue tomada gracias a Megabizo. Jerjes le dio muchas otras
cosas y una piedra de molino de oro, que pesaba seis talentos,
que es el más valioso de los regalos reales para los persas.

Segunda Guerra Médica: las Termópilas

(27) Después de reunir un ejército persa de ochocientos mil
hombres[163], sin contar los carros, y mil trirremes, marchó contra Grecia, tras subyugar Abido. Demarato de Lacedemonia
ya estaba a su lado al principio, estaba con él al cruzar e impi-
dió la invasión de Lacedemonia. En las Termópilas, atacó al
general lacedemonio Leónidas por medio de Artápano, que
tenía diez mil hombres. El grueso de los persas fue despedaza-
do y dos o tres lacedemonios perdieron la vida. Luego, Jerjes
ordenó atacar con veinte mil hombres y se produjo su derrota.
Más tarde, fueron azotados para ir al combate e, incluso azotados, todavía fueron derrotados. Al día siguiente, ordenó luchar con cincuenta mil hombres y, como no tuvo ningún éxito,
suspendió el combate. Tórax de Tesalia y los poderosos de
Traquis, Calíades y Timafernes, estaban con él con un ejército.
Tras llamarlos a ellos, a Demarato y a Hegias de Éfeso, Jerjes
supo que los lacedemonios no podrían ser derrotados a menos
que fueran rodeados. Con dos traquinios a la cabeza, cuarenta
mil hombres del ejército persa pasaron por una senda casi im-
practicable y se situaron a la espalda de los lacedemonios. Y,

---

[161] Gracias a Eliano sabemos que tal fracaso era, sin duda, un mal presagio (cfr. *infra*, p. 138, F13b*).

[162] Solo reseñada por Ctesias entre los autores clásicos, pero sí documentada en las tablillas babilónicas. En Heródoto la revuelta es en época de Darío
(P. Briant, «La date des révoltes babyloniennes contre Xerxès», *Studia Iranica*
21, 1992, pp. 7-20).

[163] Cifra hiperbólica siguiendo la tradición clásica al referir los contingentes persas. Para Heródoto (7.60) fueron un millón setecientos mil almas (M.
García Sánchez, «La soberbia de Jerjes: un ejército plurinacional y multiétnico», cit.).

después de que fueran rodeados, murieron todos combatiendo valerosamente[164].

Segunda Guerra Médica: Platea

(28) Jerjes envió otro ejército de ciento veinte mil hombres a Platea[165], tras proclamar a Mardonio como jefe. Los tebanos eran los que habían empujado a Jerjes contra Platea. Enfrente estaban las tropas de Pausanias de Lacedemonia con trescientos lacedemonios, mil periecos y seis mil hombres de las demás ciudades, y el ejército persa fue vencido con contundencia e incluso Mardonio se escapó herido. (29) Este Mardonio fue enviado por Jerjes a saquear el santuario de Apolo y allí, afirma Ctesias, murió al caerle una espesa granizada, por lo cual Jerjes se disgustó mucho.

Segunda Guerra Médica: Salamina

(30) Jerjes marchó contra la propia Atenas y los atenienses, tras equipar ciento diez trirremes, huyeron a Salamina. Jerjes tomó la ciudad vacía y le prendió fuego, excepto a la acrópolis, pues en ella todavía luchaban algunos, que habían sido dejados atrás. Al final, después de que ellos huyeran por la noche, quemaron también la acrópolis. De allí, fue al punto más estrecho del Ática, que se llama Heraclión, y levantó un montículo en dirección a Salamina, porque planeaba cruzar a la isla a pie. Por consejo de Temístocles de Atenas y Arístides, habían sido llamados arqueros de Creta y estaban presentes. Luego, se produjo una batalla naval entre persas y griegos, teniendo los persas más de mil barcos y siendo Onofas su general y los griegos, setecientos. Vencieron los griegos

---

[164] 480 a.C. Se trata de uno de los *lieux de mémoire* más importantes del conflicto greco-persa (P. Cartledge, *Termópilas*, Barcelona 2007; C. Fornis, *El mito de Esparta: Un itinerario por la cultura occidental,* Madrid, 2019, cap. 14). Sobre los lugares de memoria, M. Jung, *Marathon und Plataiai. Zwei Perserschlachten als "lieux de mémoire" im antiken Griechenland*, Göttingen, 2006.

[165] Sorprende la ordenación de Ctesias, al situar la batalla de Platea (479 a.C.) antes de la batalla de Salamina y la conquista de Atenas por los persas (480 a.C.). Para autores como D. Lenfant sería una muestra del filolaconismo de Ctesias o de su fuente (D. Lenfant, *Ctésias de Cnide. La Perse, L'Inde, Autres fragments,* cit., pp. XCII-XCIII).

y destruyeron quinientos barcos persas. Jerjes, a su vez, huyó, por consejo o por un truco de Temístocles y Arístides. En todas las restantes batallas murieron ciento veinte mil persas.

Saqueo de Delfos

(31) Jerjes, tras pasar a Asia y partir hacia Sardes, envió a Megabizo a saquear el santuario de Delfos. Como él rehusó, mandó al eunuco Matacas, que llevaba mensajes de insulto para Apolo, a saquearlo todo. Lo hizo así y se volvió con Jerjes.

Regreso y asesinato de Jerjes

(32) Jerjes llegó desde Babilonia a Persépolis y Megabizo acusó a su propia mujer, Amitis, que, como se ha dicho, era la hija de Jerjes, de suscitar habladurías por haber cometido adulterio. Amitis recibió palabras de reproche de su padre y prometió ser casta. (33) Artápano, que tenía gran influencia sobre Jerjes, y el eunuco Aspamitres, que también tenía gran influencia, trazaron el plan de acabar con Jerjes. Acabaron con él y persuadieron a su hijo Artajerjes de que lo había hecho su otro hijo, Darío. Llevado por Artápano, Darío se presentó en casa de Artajerjes, gritando mucho y negando ser el asesino de su padre, y murió[166].

F13a. Ateneo de Náucratis, *Banquete de los eruditos*, 13.10, p. 560de

Motivos de la expedición contra Egipto

La campaña de Cambises contra Egipto, según dice Ctesias, se produjo a causa de una mujer. Después de averiguar que las

---

[166] El final de Jerjes responde a la típica y tópica conjura de harén que domina en los relatos palaciegos y las crisis de sucesión de la dinastía aqueménida en las fuentes clásicas (M. García Sánchez, «La figura del sucesor del Gran Rey en la Persia aqueménida», en V. Alonso Troncoso [ed.], *ΔΙΑΔΟΧΟΣ ΤΗΣ ΒΑΣΙΛΕΙΑΣ. La figura del sucesor en las monarquías de época helenística. Actas del Simposio Internacional sobre La figura del príncipe heredero en época helenística (A Coruña-Ferrol 11 y 12 de septiembre del 2003),* Madrid, *Gerión Anejos* 2005, pp. 223-239).

mujeres egipcias destacan entre las demás por las relaciones sexuales, envió mensajeros a Amasis, rey de Egipto, pidiéndole
una de sus hijas en matrimonio. Pero él no le dio una de sus
propias hijas porque sospechaba que no la tendría en calidad de
esposa, sino de concubina, sino que envió a Nitetis[167], hija de
Apries. Apries fue derrocado de Egipto a causa de una derrota
que le sobrevino contra los cireneos y fue ejecutado por Amasis.
Complacido con Nitetis y muy instigado por ella, Cambises
supo todo el asunto por ella y, cuando ella le rogó vengar el
asesinato de Apries, se dejó persuadir para hacer la guerra contra los egipcios.

F13b*. Claudio Eliano, *Historias curiosas*, 13.3 [L]

Presagio de la tumba de Belo y asesinato de Jerjes

Jerjes, el hijo de Darío, tras excavar y abrir el monumento
funerario del antiguo Belo, encontró un sarcófago de madera,
dentro del cual yacía el cadáver en aceite. El sarcófago no estaba lleno, sino que el aceite llegaba quizá hasta una palma del
borde. Junto al sarcófago había una pequeña estela, en la que
estaba escrito: «A quien abra el monumento y no llene el sarcófago del todo no le irá bien». Después de leerlo, Jerjes se asustó
y ordenó echar aceite lo más rápidamente posible, sin embargo
no se llenó y él volvió dar la orden de echar. Pero no aumen-
taba, hasta que renunció, gastando en vano lo vertido. Cerró la
tumba y se marchó angustiado. La estela no engañó en lo que
predijo: tras reunir setecientos mil hombres contra los griegos,
se marchó con un mal resultado y luego, a su vuelta, murió de
la manera más vergonzosa entre los humanos, degollado de noche en la cama por su hijo.

---

[167] Según una tradición, Cambises era hijo de la egipcia Nitetis, hija de
Apries, y prometió a su madre vengar el que Amasis la enviase fraudulenta-
mente a Ciro como hija suya (Dino, *FGrHist.* 690, F 11; Lyceas Naucr, *FGr-
Hist.* 613, F 1; Polyaenus, *Strat.* 8.29; E. Bresciani, «The Persian Occupation
of Egypt», en I. Gershevitch [ed.], *The Cambridge History of Iran*, vol. 2,
Cambridge, 1996, pp. 502-528; p. 503).

F14. Focio, *Biblioteca*, p. 40a5-41b37 (§ 34-46)

Reinado de Artajerjes I

Subida al poder de Artajerjes

(34) Artajerjes[168] reinó gracias al empeño de Artápano y, a su vez, fue víctima de conspiraciones tramadas por él. Artápano incorporó a su plan a Megabizo, disgustado ya con su mujer Amitis por la sospecha de adulterio. Se dieron seguridad mutuamente con juramentos, pero Megabizo lo reveló todo y Artápano fue ejecutado de la manera en que iba a serlo Artajerjes. Todos los crímenes cometidos contra Jerjes y Darío se hicieron evidentes y Aspamitres, que fue cómplice de los asesinatos de Jerjes y Darío, murió de una muerte cruel y muy vil. Fue sometido al suplicio de las artesas y así fue ejecutado. Después de la muerte de Artápano, hubo una batalla entre sus colaboradores y los demás persas, en dicha batalla cayeron los tres hijos de Artápano. También resultó gravemente herido Megabizo y lo lamentaron Artajerjes, Amitis, Rodogune y su madre Amestris, y se salvó a duras penas gracias a los muchos cuidados de Apolónides, médico de Cos.

Rebelión de Bactria

(35) Bactra y su sátrapa, otro Artápano[169], se rebelaron contra Artajerjes y hubo un combate igualado, se produjo otro y, como a los bactrianos les daba el viento en la cara, venció Artajerjes y se le sometió toda Bactria.

---

[168] Artajerjes I, conocido como Longímano (Μακρόχειρ), al parecer por tener la mano derecha más larga que la izquierda: reinó entre el 465-424/3 a.C.

[169] El sátrapa de Bactria era entonces Histaspes, un hijo de Jerjes, que quizá se sublevó contra su hermano. Este dato induce a pensar que nos hallamos frente a una contestación dinástica de otro de los hijos del difunto Jerjes que deseó hacer valer sus derechos a la sucesión (P. Briant, *Histoire de l'empire perse,* cit., pp. 582-587; M. García Sánchez, «La figura del sucesor del Gran Rey en la Persia aqueménida», cit., p. 232). Otras fuentes lo denominan Artábano (Diod. Sic. 11.69,.2; Plut., *Them.* 31.3).

Rebelión de Egipto

(36) Hizo defección Egipto. Ínaro, un libio[170], y otro, egipcio, fomentaron la rebelión y lo prepararon todo para la guerra. A petición de Ínaro, los atenienses enviaron cuarenta barcos. Artajerjes se preparó para salir en campaña personalmente pero, cuando sus amigos se lo desaconsejaron, envió a su hermano Aqueménides[171] conduciendo un ejército de tierra de cuatrocientos mil hombres y ochenta barcos. Ínaro trabó combate con Aqueménides. Vencieron los egipcios, Aqueménides recibió un disparo de Ínaro, murió y su cadáver fue enviado a Artajerjes. Ínaro también venció en el mar, Carítímides de Atenas, que desempeñaba el cargo de comandante de los cuarenta barcos de Atenas, se cubrió de gloria. De las cincuenta naves persas, veinte fueron tomadas con sus tripulaciones y treinta, destruidas. (37) A continuación, Megabizo fue enviado contra Ínaro conduciendo un ejército que, además de los restos del anterior, constaba de doscientos mil hombres y trescientos barcos, cuyo comandante era Orisco, de modo que, sin contar los barcos, este segundo contingente se componía de quinientos mil hombres. Pues, cuando cayó Aqueménides, fueron aniquilados con él cien mil hombres, de los cuatrocientos mil que él lideraba. Hubo otra batalla más feroz y cayeron muchos de ambos bandos, pero más egipcios. Megabizo disparó en el muslo a Ínaro, lo puso en fuga y los persas vencieron con contundencia. Ínaro huyó a Biblo (una ciudad fuerte en el propio Egipto) y los griegos que no habían muerto en la batalla con Carítímides se escaparon con él, y todo Egipto, menos Biblo, se sometió a Megabizo. (38) Como la ciudad parecía inexpugnable, Megabizo llegó a un acuerdo con Ínaro y los griegos, que eran seis mil e incluso más, a cambio de no recibir ningún daño del rey, y los griegos, de volver a casa cuando quisieran. Nombró sátrapa de Egipto a Sarsamas y, tomando consigo a Ínaro y los griegos, se presentó ante Artajerjes y lo encontró bastante enojado con Ínaro, por-

---

[170] Los editores han corregido la lectura manuscrita "lidio". La revuelta fue entre el 464-454 a.C., seguramente provocada tras el conocimiento de la muerte de Jerjes. Ínaro había recibido la ayuda de Atenas, aunque la información fue desmentida, o por lo menos ignorada, por las fuentes de procedencia egipcia (G. Posener, *La première domination perse en Égypte,* Le Caire, 1936, n.º 31-34).

[171] En Heródoto, Aquemenes, hermano de Jerjes (Hdt. 7.7).

que había matado a su hermano Aqueménides. Megabizo le explicó todo lo sucedido, cómo tomó Biblo tras dar garantías a Ínaro y los griegos, rogó encarecidamente al rey por la salvación de ellos y la obtuvo. Finalmente, hizo público ante el ejército que Ínaro y los griegos no sufrirían ningún daño.

Venganza de Amestris

(39) Amestris[172] se tomó terriblemente mal, por su hijo Aqueménides, que el rey no castigara a Ínaro y los griegos. Se lo pedía al rey, pero él no se lo concedía y a continuación, a Megabizo, pero él la despachaba. Luego, importunando a su hijo, lo consiguió. Transcurridos cinco años, recibió de parte del rey a Ínaro y los griegos y empaló a Ínaro en tres palos y a los cincuenta griegos que pudo atrapar les cortó la cabeza.

Rebelión de Megabizo

(40) Megabizo se disgustó violentamente, estuvo de duelo y pidió retirarse a su territorio, Siria. Allí había enviado previamente, a escondidas, a los demás griegos. Se fue, se rebeló contra rey[173] y reunió una gran fuerza hasta los ciento cincuenta mil hombres, sin contar los soldados de caballería. Usiris fue enviado contra él con doscientos mil efectivos y trabaron combate. Megabizo y Usiris se dispararon mutuamente, este alcanzó a Megabizo con una jabalina en el muslo y el arma penetró hasta dos dedos. Pero Megabizo hirió de la misma manera, con una jabalina, a Usiris en el muslo y a continuación le disparó en el hombro. Usiris cayó del caballo y Megabizo, tras sujetarlo en sus brazos, ordenó recogerlo y salvarlo. Cayeron muchos persas y lucharon valerosamente los hijos de Megabizo, Zopiro y Artifio. La victoria de Megabizo fue aplastante. Se ocupó cuidadosamente de salvar a Usiris y, cuando él lo pidió, lo envió de vuelta a Artajerjes. (41) Fue enviado en su contra otro ejército y, como jefe, Menostanes, hijo de Artario. Artario era sátrapa de Babilonia y hermano de Artajerjes. Se enfrentaron en com-

---

[172] Los editores han corregido la lectura manuscrita "Amitis", que es errónea en el pasaje.
[173] Rebelión puesta en duda por la historiografía.

bate unos contra otros y el ejército persa huyó. Menostanes recibió de Megabizo un disparo en el hombro y a continuación recibió un flechazo en la cabeza, que no fue mortal. Sin embargo, huyó con los suyos y Megabizo obtuvo una victoria brillante. (42) Artario envió un mensajero a Megabizo y le aconsejó llegar a un acuerdo con el rey. Él aclaró que quería llegar a un acuerdo, pero no presentarse ante el rey, sino, en vez de eso, permanecer en su territorio. Se le anunció esto al rey y Artoxares, el eunuco paflagonio, y también Amestris le aconsejaron llegar al acuerdo deprisa. Fueron enviados el propio Artario, su esposa Amitis, Artoxares, que tenía veinte años, y Petesas, el hijo de Usiris y padre de Espitamas. Se llenaron la boca de juramentos y palabras, sin embargo, consiguieron convencer a duras penas a Megabizo de presentarse ante el rey. Al final, cuando se presentó, el rey le envió un mensajero con el perdón de los delitos cometidos.

Final de Megabizo

(43) El rey salió de cacería y lo atacó un león[174]. Mientras la fiera saltaba en el aire, Megabizo le disparó con una jabalina y acabó con ella. Artajerjes se enfadó porque Megabizo había disparado y acertado antes que él y ordenó que le cortaran la cabeza. Por intercesión de Amestris, Amitis y los demás, le libró de la muerte, pero lo deportó al mar Eritreo, a una ciudad de nombre Cirta. El eunuco Artoxares fue desterrado a Armenia porque habló repetidamente con libertad al rey en favor de Megabizo. Tras pasar cinco años <en> el exilio, se escapó disfrazado de *pisagas*. Entre los persas, leproso se dice *pisagas* y nadie se le acerca. Se escapó y se presentó ante Amitis, en su casa. Fue reconocido a duras penas y, gracias a Amestris y Amitis, el rey se reconcilió con él y lo hizo su compañero de mesa, como antes. Murió tras vivir setenta y seis años y el rey se apenó mucho.

---

[174] La caza en los paraísos era una actividad muy apreciada entre los persas y su Gran Rey, fomando parte de la educación de la aristocracia y de los príncipes herederos. Se entiende que para Artajerjes fuera una ofensa verse superado por un súbdito (M. García Sánchez, «Los jardines del Gran Rey de Persia», cit.).

Final de Amitis

(44) Después de que falleciera Megabizo, Amitis tuvo trato con hombres. Antes que ella, Amestris había hecho igual[175]. Apolónides, el médico de Cos, cuando Amitis se encontraba débil, aunque fuera leve y no gravemente, se enamoró apasionadamente ella y le dijo que recuperaría la salud si tenía trato con hombres, pues era una enfermedad del útero. Cuando su propósito salió bien y estuvo teniendo trato con ella, la persona en cuestión se fue marchitando y él cesó las relaciones. A punto de fallecer, Amitis solicitó a su madre que hiciera pagar la afrenta a Apolónides y ella lo comunicó todo al rey Artajerjes: cómo tuvo trato con Amitis, cómo cesó las relaciones después de vejarla, y cómo ella solicitó a su madre que devolviera la afrenta de Apolónides. El rey encomendó a su madre hacer lo que se le ocurriera a ella. Y ella atrapó y encadenó a Apolónides, estuvo castigándolo durante dos meses y luego lo enterró vivo cuando Amitis también murió[176].

Final de Zopiro

(45) Zopiro, el hijo de Megabizo y Amitis, cuando fallecieron su padre y su madre, hizo defección del rey y llegó a Atenas en virtud del beneficio de su madre hacia los atenienses. Navegó hasta Cauno con su séquito y ordenó que le entregaran la ciudad. Los caunios le decían que le entregarían la ciudad a él, pero nunca a los atenienses que lo acompañaban. Cuando Zopiro entró en la muralla, Alcides, un caunio, le arrojó una piedra a la cabeza y así murió Zopiro. Su abuela Amestris empaló al caunio.

---

[175] Es habitual en las fuentes clásicas la censura de la vida sexual de las nobles persas. Amitis es el paradigma de esa locura sexual, que es el destino y la enfermedad típicamente femeninos de algunos de los personajes de las tragedias de Eurípides (J. Auberger, «Ctésias romancier», *AC* 64, 1995, pp. 57-73, pp. 69-70).

[176] Amestris, también en Heródoto (7.114; 9.112), es el paradigma de princesa persa cruel y despiadada con una gran propensión a la aplicación de los suplicios capitales más salvajes.

Final de Artajerjes I

(46) Murió también Amestris, siendo muy anciana, y Artajerjes murió tras reinar cuarenta y dos años. Este es el final del libro decimoséptimo, comienza el libro decimoctavo.

Miscelánea

F14a. Esteban de Bizancio, *Léxico étnico,* s.v. Cirtea

Cirtea: ciudad en el mar Eritreo, en la que Artajerjes desterró a Megabizo. Ctesias, en el libro tercero de *Historias de Persia*.

F14b. Esteban de Bizancio, *Léxico étnico,* s.v. Biblo

Biblo: hay también una Biblo en el Nilo, una ciudad muy bien fortificada.

F14c. Hesiquio de Alejandría, *Léxico,* s.v. *pissatai* [L]

Pissatai: los que tienen la lepra blanca.

F15. Focio, *Biblioteca*, p. 41b38-43b2 (§ 47-56) [cfr. T8b]

Crisis de sucesión de Artajerjes I a Darío II

Reinado de Jerjes II y descendencia de Artajerjes I

(47) Después de que falleciera Artajerjes, reinó su hijo Jerjes, que era el único legítimo, nacido de Damaspia[177], que perdió la vida el mismo día en el cual también pereció Artajerjes. Bagorazo condujo los cadáveres del padre y la madre a Persépolis. Artajerjes tuvo diecisiete bastardos, entre los cuales estaban Secindiano, el hijo de Alogune la babilonia, Oco y Arsites, hijos de

---

[177] Damaspia solo dio a Artajerjes I un hijo legítimo, frente a los diecisiete bastardos del rey.

Cosmartidene, también ella babilonia. Posteriormente, Oco reinó también. Además, aparte de los mencionados, tuvo dos hijos: Bagapeo y Parisátide, nacidos de Andia, también ella babilonia. Esta Parisátide se convirtió en madre de Artajerjes y Ciro. En vida, su padre hizo a Oco sátrapa de Hircania, tras haberle dado también una esposa cuyo nombre era Parisátide, que era hija de Artajerjes y su propia hermana[178].

Final de Jerjes II

(48) Secindiano se asoció con el eunuco Farnacias, que estaba después de Bagorazo, Menostanes y algunos otros en el escalafón. Después de que Jerjes se emborrachara en alguna festividad y se durmiera en el palacio real, entraron y lo mataron, cuando se cumplían cuarenta y cinco días desde el fallecimiento de su padre[179]. Sucedió que ambos cuerpos fueron trasladados a Persépolis a la vez. Las dos mulas que tiraban del carruaje cubierto, como si esperaran también el cadáver del hijo, no habían querido ponerse en marcha. Cuando sobrevino el asesinato de Jerjes, partieron de buena gana.

Subida al poder de Secindiano

(49) Secindiano se hizo rey y Menostanes se convirtió en su *azabarites*[180]. Bagorazo se había ido y había vuelto con Secindia-

---

[178] Se desencadenó una lucha fratricida entre los bastardos del rey nacidos de mujeres babilonias, muriendo también Secindiano, conocido también como Sogdiano, seis meses y medio después (423 a.C.), víctima de las intrigas de Oco, el futuro Darío II (M. García Sánchez, «La figura del sucesor del Gran Rey en la Persia aqueménida», cit., p. 234). Parisátide, madre del futuro Artajerjes II y de Ciro el Joven, representa también en las fuentes la decadencia persa con sus matrimonios incestuosos y con soberanos marionetas de sus esposas.

[179] Jerjes II reinó, pues, un mes y medio (424 a.C.).

[180] Este personaje aparece en los archivos de la casa de negocios babilonia de los Murašū, representantes de los negocios de la dinastía aqueménida en Babilonia (G. Cardascia, *Les Archives des Murašū. Une famille d'homes d'affaires babyloniens à l'époque perse (455-403 av. J.-C.)*, Paris, 1951, p. 105). El *azabarites* de Ctesias es el *hazarapatiš* o quiliarco, jefe de la guardia del rey, y, según Hesiquio (*s.v.* ἀζαραπατεῖς· οἱ εἰσαγγελεῖς: introductores o mensajeros), era el encargado de gestionar las visitas al soberano (P. J. Junge, «Hazarapatis. Zur Stellung des Chiliarchen der königlichen Leibwache in Achämeniden-

no. Como una vieja enemistad ardía latente entre ellos, Bagora-zo, supuestamente por haber abandonado el cadáver de su padre sin su consentimiento, fue lapidado por orden del rey, a consecuencia de lo cual el ejército se sumió en el disgusto. El rey les daba regalos, pero ellos lo odiaban, porque había matado a su hermano Jerjes y a Bagorazo.

Subida al poder y entorno de Oco

(50) Secindiano convocó a Oco y él se lo prometió, pero no se presentó. Esto sucedió repetidamente. Finalmente, Oco se rodeó de un gran ejército y era presumible que reinara. Arbario, el comandante de los soldados de caballería de Secindiano, y a continuación Arxanes, sátrapa de Egipto, se pasaron a Oco. El eunuco Artoxares llegó de Armenia, también se puso del lado de Oco y le colocaron la *cídaris,* aunque no quería. Oco se hizo rey, pasó a llamarse Darío[181] y fue en busca de Secindiano con engaño y juramentos por consejo de Parisátide. Por su parte, Menostanes, con muchos argumentos, aconsejaba a Secindiano no confiar en los juramentos y no llegar a acuerdos con quienes querían engañarle. Pero, sin embargo, se dejó persuadir, fue capturado y arrojado a la ceniza y pereció, tras reinar seis meses y quince días. (51) Oco, también llamado Darío, reinó solo. Tres eunucos tenían mucha influencia sobre él: el que más, Artoxares, el segundo, Artibarzanes y el tercero, Atos. Empleó como consejera sobre todo a su mujer[182], con la cual tuvo dos hijos antes de reinar: una hija, Amestris, y un hijo, Arsaces, que posteriormente pasó a llamarse Artajerjes[183]. Siendo reina, dio a luz otro hijo suyo y le puso el nombre derivado del sol: Ciro[184].

---

staat», *Klio* 33, 1940, pp. 13-38; P. Briant, «Sources gréco-hellénistiques, institutions perses et institutions macédoniennes: continuités, changements et bricolages», en H. Sancisi-Weerdenburg, A. Kuhrt y M. Cool Root [eds.], *Achaemenid History VIII, Continuity and change. Proceedings of the last Achaemenid History Workshop, April 6-8, 1990, Ann Arbor, Mi.,* Leiden, 1994, pp. 283-310, pp. 291-298).

[181] Darío II (423-405/4 a.C.), segundo bastardo (νόθος) en subir al trono aqueménida. La *cídaris* es la tiara (véase *supra,* pp. 120-121, n. 122).

[182] Parisátide fue seguramente la reina más influyente de la dinastía aqueménida, tanto sobre su marido, Darío II, como sobre sus hijos, el rey Artajerjes II y Ciro el Joven.

[183] El futuro Artajerjes II.

[184] Ciro el Joven, su preferido.

Luego, parió a Artostes y, uno tras otro, hasta trece hijos. El historiador afirma que él mismo escuchó esto de la propia Parisátide[185]. Pero los otros hijos perdieron la vida rápidamente y sobrevivieron por casualidad los ya mencionados y, además, un cuarto hijo, llamado Oxendras.

Rebelión de Arsites y Artifio

(52) Se rebelaron contra el rey Arsites[186], su propio hermano del mismo padre y la misma madre, y Artifio, el hijo de Megabizo. Artasiras fue enviado contra ellos e hizo la guerra contra Artifio; Artasiras fue derrotado en dos batallas. A continuación, tras enfrentarse otra vez, venció a Artifio, se atrajo con regalos a los griegos que estaban con él y se quedaron atrás con él solo tres milesios. Después de recibir juramentos y garantías de Artasiras, como Arsites no aparecía, Artifio se sometió al rey. Parisátide aconsejó al rey, que estaba dispuesto a dar muerte a Artifio, no acabar con él entonces. Pues esto constituiría un engaño que serviría para la rendición de Arsites. Cuando este fuera engañado y también capturado, entonces debían ser liquidados los dos. Y así fue, porque su consejo dio buen resultado. Artifio y Arsites fueron arrojados a la ceniza, aunque el rey no quería matar a Arsites, pero Parisátide, en parte persuadiendo, en parte obligando, lo aniquiló. También fue lapidado Farnacias, cómplice de Secindiano en la aniquilación de Jerjes. Menostanes acabó con su propia vida, después de ser apresado para matarlo.

---

[185] Ctesias fue médico al servicio de la reina Parisátide (Ch. Tuplin, «Doctoring the Persians: Ctesias of Cnidus, Physician and Historian», *Klio* 86/2, 2004, pp. 318-321).

[186] No deja de resultar significativo, para el estudio de la representación de la alteridad persa en el imaginario griego, el abuso hiperbólico de la conjura que domina el relato de Ctesias sobre el reinado de Darío II. La lectura de la obra del historiador de Cnido hubo de provocar entre los lectores de la época la certeza de que, en la corte aqueménida, el Gran Rey debía siempre estar en guardia frente a la sedición y las intrigas: hermanos, hermanastros, mujeres del rey, eunucos –así Artoxares– se dan cita en Ctesias para conspirar permanentemente contra el Gran Rey.

Rebelión de Pisutnes

(53) Pisutnes[187] se rebeló y fueron enviados contra él Tisafernes, Espitradates y Parmises[188]. Pisutnes avanzaba a su vez contra ellos con Licón de Atenas, junto a los griegos que él mandaba. Los generales del rey sobornaron a Licón y los griegos y ellos hicieron defección de Pisutnes. A continuación, después de intercambiar garantías con él, lo condujeron ante el rey, quien arrojó a Pisutnes a la ceniza y dio su satrapía a Tisafernes. Licón recibió ciudades y territorios en virtud de su traición.

Complot de Artoxares

(54) El eunuco Artoxares, que tenía mucha influencia sobre el rey, conspiró contra él porque quería reinar él mismo. Ordenó a una mujer que le fabricara barba y bigote, para poder parecer un hombre, y, gracias a ella, fue denunciado. Él fue apresado, entregado a Parisátide y ejecutado.

Rebelión de Teritucmes

(55) Arsaces, el hijo del rey, que después pasó a llamarse Artajerjes[189], se casó con la hija de Idernes, Estatira, y el hijo de Idernes se casó con la hija del rey, esta hija era Amestris[190]. Su recién estrenado esposo se llamaba Teritucmes, el cual, después de que su padre falleciera, fue nombrado sátrapa en su lugar. Él tenía una hermana del mismo padre, Roxana, hermosa y muy experta en el tiro con arco y jabalina[191]. Como la amaba apasionadamente y tenía relaciones con ella, Teritucmes odiaba a Amestris. Al final, trazó el plan de arrojarla a un saco y de que fuera apuñalada por trescientos hombres con los que fomentó la re-

---

[187] Rebelión solo conocida por Ctesias.
[188] Tisafernes fue sátrapa de Asia Menor; Espitradates, combatió junto a Artajerjes II en Cunaxa (401 a.C.); Parmises nos es desconocido.
[189] Artajerjes II (404-359 a.C.) conocido como Mnemón (Μνημών), al parecer, por su extraordinaria memoria.
[190] Una nueva muestra de la endogamia practicada en la corte aqueménida (M. García Sánchez, *El Gran Rey de Persia,* cit., pp. 189-197).
[191] Hay referencias en el mundo iranio a mujeres como amazonas.

belión. Pero un tal Udiastes, que tenía influencia sobre Teritucmes y una carta de parte del rey que contenía muchas promesas si su hija era salvada, aceptó las promesas, atacó y acabó con Teritucmes, el cual resistió noblemente en la insurrección y mató a muchos, puesto que dicen que él mismo mató hasta treinta y siete hombres.

Castigo de la familia de Teritucmes

(56) El hijo de Udiastes, Mitradates, que era escudero de Teritucmes, pero no estaba presente en ese momento, cuando lo supo, profirió muchas maldiciones contra su padre, se apoderó de la ciudad de Zaris y puso una guarnición para el hijo de Teritucmes. Pero Parisátide ordenó enterrar vivos a la madre de Teritucmes, a sus hermanos, Mitrostes y Hélico, así como a sus hermanas, que eran dos sin contar Estatira, y descuartizar viva a Roxana. Y así fue. El rey le dijo a su mujer Parisátide que hiciera lo mismo también con Estatira, la esposa de su hijo Arsaces. Pero Arsaces aplacó a su madre y a su padre con lágrimas y gemidos y, cuando Parisátide fue movida a la piedad, Oco Darío cedió, tras decirle a Parisátide que ella se arrepentiría mucho. Fin del libro decimoctavo.

F15a. Plutarco, *Vida de Artajerjes*, 1.2-4 [cfr. T11d]

Familia y nombres de Artajerjes II y Ciro el Joven

1. (2) Darío y Parisátide tuvieron cuatro hijos, el mayor era Artajerjes, después de él, Ciro, y Ostanes y Oxatres eran más jóvenes que ellos. (3) Ciro tenía el nombre de Ciro el Viejo y dicen que aquel lo tenía derivado del sol. (4) Artajerjes se llamaba antes Arsicas, aunque Dinón[192] dice que se llamaba Oarses. Pero, aunque pusiera en sus libros un fárrago variado de historias increíbles y erróneas en cuanto a lo demás, no es verosímil que Ctesias ignorase el nombre del rey, junto al que pasó tanto tiempo, sirviéndolo a él, a su mujer, a su madre y a sus hijos.

---

[192] Otro autor de *Persiká*.

F15b*. Plutarco, *Vida de Artajerjes*, 2.2. [L]

Artajerjes, salvador de su esposa

Tomó una esposa hermosa y buena porque se lo ordenaron sus padres, pero la protegió aunque ellos quisieron impedirlo. Después de matar a su hermano, el rey planeaba acabar también con ella, pero Arsicas, convertido en suplicante de su madre y llorando mucho, la persuadió a duras penas de no matar a la persona en cuestión y de no separarlo de ella.

F16. Focio, *Biblioteca*, p. 43b3-44a19 (§ 57-67)

Subida al poder de Artajerjes II

(57) En el libro decimonoveno trata cómo murió Oco Darío tras debilitarse su salud en Babilonia y reinar treinta y cinco años. Fue rey entonces Arsaces, que pasó a llamarse Artajerjes.

Venganza de Estatira

(58) A Udiastes le cortaron la lengua, se la arrancaron por atrás y murió. Su hijo Mitradates fue nombrado sátrapa en lugar de su padre. Esto se hizo gracias al empeño de Estatira y Parisátide estaba dolida.

(59) Ciro fue calumniado por Tisafernes ante su hermano Artajerjes y él se refugió junto a su madre Parisátide y refutó la calumnia. Deshonrado por su hermano, Ciro se retiró a su propia satrapía y fomentó una insurrección[193].

Intrigas de la corte

(60) Satibarzanes calumnió a Orondes diciendo que se acostaba con Parisátide, aunque ella era muy casta. Orondes fue

---

[193] Se inicia el relato de la rebelión de Ciro el Joven, un modelo de *kalokagathía* en las fuentes clásicas y héroe de la *Anábasis* de Jenofonte, contra su hermano Artajerjes II (P. Briant [ed.], *Dans les pas des dix-mille. Peuples et pays du proche-orient vus par un grec. Actes de la Table Ronde Internationale, Toulouse 3-4 février, 1995, Pallas* 43, 1995).

ejecutado y la madre se enfadó con el rey. (61) Dice que Parisátide aniquiló al hijo de Teritucmes con veneno. (62) También habla sobre el que quemó el cadáver de su padre contra la costumbre, a consecuencia de lo cual también refuta a Helánico y Heródoto, diciendo que mienten[194].

Rebelión de Ciro

(63) Rebelión de Ciro contra su hermano y reclutamiento de un ejército griego y bárbaro y de Clearco, que era el comandante de los griegos. Cómo Siénesis, rey de Cilicia, fue aliado de ambos bandos, tanto de Ciro como de Artajerjes. Cómo Ciro arengó a su propio ejército y Artajerjes, a su vez, al suyo. Ocurría que Clearco de Lacedemonia, que era el comandante de los griegos, y Menón de Tesalia, que estaban con Ciro, tenían siempre diferencias entre sí, porque Ciro consultaba todo con Clearco y no tenía ninguna consideración por Menón. Muchos desertaban del bando de Artajerjes al de Ciro y nadie, al revés. Por eso, también Arbario, que procuraba someterse a Ciro y fue acusado, fue arrojado a la ceniza.

Batalla de Cunaxa

(64) Ataque de Ciro contra el ejército del rey y victoria de Ciro, pero muerte de Ciro por haber desoído a Clearco, y ultraje del cuerpo de Ciro por su hermano Artajerjes. Él mismo le cortó la cabeza y la mano, con la que intentó echarlo, y las levantó en señal de triunfo[195].

---

[194] Para los mazdeístas era equivalente a mancillar la pureza del elemento ígneo (Hdt. 3. 16; M. A. Dandamaev, «La politique religieuse des achéménides», en *Monumentum H. S. Nyberg I, AcIr* 5, 1975, pp. 193-200, p. 194).

[195] La batalla de Cunaxa (401 a.C.), que enfrentó al rey Artajerjes II contra su hermano Ciro el Joven, constituyó un hito en las relaciones greco-persas. La facilidad con la que los mercenarios griegos, tras la derrota y muerte de Ciro, recorrieron la parte occidental del Imperio aqueménida hubo de generar entre los griegos la percepción de que el Imperio persa era más vulnerable de lo que su inmensidad y recursos hacían pensar. Jenofonte nos ofreció en su *Anábasis* un vivo relato de esa experiencia sobre la alteridad persa (P. Briant [ed.], *Dans les pas des dix-mille,* cit.). Ciro el Joven fue visto en la tradición griega como un potencial monarca ideal (M. García Sánchez, *El Gran Rey de Persia,* cit., pp. 146-147).

Retirada de los griegos

(65) Retirada por la noche de Clearco de Lacedemonia junto con los griegos que estaban con él y ocupación de una ciudad de Parisátide[196]. A continuación, acuerdo del rey con los griegos.

Venganza de Parisátide

(66) Cómo llegó Parisátide a Babilonia de duelo por Ciro, recobró su cabeza y su mano a duras penas, les hizo honras fúnebres y las envió a Susa. La historia de Bagapates, el que había amputado, por orden del rey, la cabeza del cuerpo de Ciro. Cómo la madre, después de jugar a los dados con el rey y de ganar, atrapó a Bagapates. Y de qué modo, tras ser desollado, fue empalado por Parisátide. También cuándo interrumpió ella su gran duelo por Ciro a causa de las reiteradas peticiones del rey. (67) Cómo Artajerjes dio regalos al que le trajo la cubierta de fieltro de Ciro y cómo honró al cario que dio la impresión de haber disparado a Ciro y cómo Parisátide, tras torturar al cario que había recibido honores, lo mató. Cómo Artajerjes entregó a Parisátide, que se lo había pedido, a Mitradates, porque se había jactado en la mesa de haber matado a Ciro, y lo ejecutó cruelmente. Estos son los contenidos de los libros decimonoveno y vigésimo.

F17. Plutarco, *Vida de Artajerjes*, 2.3-3.6

Esperanzas truncadas de Ciro

2. (3) Sucedía que la madre sentía más cariño por Ciro y quería que reinara él. Por eso, cuando se le hizo venir de las

---

[196] La información que nos proporcionan Ctesias y Jenofonte (*An.* 1.4.9) sobre Parisátide ha sido confirmada por los archivos de la casa de los Murašū. En total han aparecido cuatro textos relativos a los dominios de la reina, todos ellos datados después de la ascensión al trono de su marido, Darío II (424-405 a.C.) (G. Cardascia, *Les Archives des Murašū. Une famille d'homes d'affaires babyloniens à l'époque perse (455-403 av. J.-C.),* Paris, 1951, pp. 197-198; M. W. Stolper, *Entrepreneurs and Empire. The Murašū Archive, the Murašū Firm, and Persian Rule in Babylonia,* Leiden 1985, pp. 27-28 y 63). Ea-bullissu, administrador de las tierras de Parisátide, se encargaba de liquidar los arrendamientos de las parcelas de la reina con la casa de Murašū y velar por los intereses de su señora.

provincias marítimas, después de que el padre ya enfermara, él subía, totalmente esperanzado de que su madre lo había conseguido y él mismo sería designado sucesor del poder. (4) Pues Parisátide tenía un argumento apropiado, que también había usado Jerjes el Viejo, después de que se lo enseñara Demarato: que ella había dado a luz a Arsicas cuando Darío era un particular y a Ciro, cuando era rey. (5) No consiguió convencer, sino que el mayor fue designado rey y pasó a llamarse Artajerjes y Ciro, sátrapa de Lidia y general de las provincias marítimas[197].

3. (1) Poco más tarde del fallecimiento de Darío, el nuevo rey salió hacia Pasargada para cumplir con el rito de iniciación real bajo la dirección de los sacerdotes persas. (2) Hay un templo de una diosa guerrera, que se podría asimilar a Atenea[198]. El iniciado debe entrar en él, quitarse su propia ropa, ponerse la que llevaba Ciro el Viejo antes de convertirse en rey, engullir pastel de higos, masticar terebinto y beber un vaso de leche agria. Si hace alguna otra cosa además de esto, los demás lo desconocen[199]. (3) Cuando Artajerjes iba a hacer esto, llegó a su

---

[197] Jonia en Justino (5.5.1). En el caso de Ciro se añadió además el mando de las provincias marítimas, no como general, sino, según leemos en Jenofonte (Xen., *Hell.* 1.4.3; *An.* 1.9.7), como κάρανος, esto es, dotado de plenos poderes, hecho que suponía que los sátrapas Farnabazo, en Dascilio, y Tisafernes, en Caria, pasaban a ser sus subordinados (Th. Petit, «Karanos. Étude d'une fonction militaire sous la dynastie perse achéménide», *EtClass* 51, 1983, pp. 41-45). A veces referido como sátrapa de Lidia y Caria y estratego (στρατηγός) de las tropas de Lidia, Frigia y Capadocia, que se reunían en la llanura de la ciudad lidia de Castolo (Xen., *An.* 1.1.2).

[198] Quizás Anāhitā, pero no es seguro (A. De Jong, *Traditions of the Magi,* cit., pp. 279-280).

[199] La ceremonia de coronación sería, quizás, en Pasargada, en un templo presumiblemente de Anāhitā (Atenea en Ctesias y Plutarco), vistiendo las ropas de Ciro el Viejo, y tras comer pan de higos, tragar terebinto y beberse una copa de leche agria (Plut., *Artax.* 3.1-2). Para algunos, dicha combinación de productos revelaría una similitud zoroástrica con la mezcla de zumo de haoma, leche y granada machacada (M. Boyce, *A History of Zoroastrianism under the Achaemenians,* cit., p. 208). Si tenemos en cuenta que una de las torres conservadas en Pasargada, el Zendán, estuvo dedicado a Anāhitā, una divinidad guerrera que jugaba un papel determinante en la ceremonia de coronación regia, es más que probable que fuese en esa torre donde se ejecutara la ceremonia de coronación de la que nos habla Plutarco, sin olvidar una segunda torre, la Ka'bah, en Naqsh-i-Rustam, cerca de Persépolis, sede donde se guardaría el fuego del Gran Rey y en la que quizá se cumpliese cada año la ceremonia de renovación de la coronación. Podría ser aceptada incluso la hipótesis, siguiendo las teorías sobre la realeza entre los pueblos nómadas y en las sociedades clánicas, de que el soberano, ya investido como heredero del fundador del imperio con todas los *insignia regalia,* se presentara desde lo alto

presencia Tisafernes con uno de los sacerdotes[200], el cual había sido el supervisor de la educación tradicional infantil de Ciro[201], le había enseñado las ceremonias de los magos y era considerado como el persa que más se había afligido cuando no fue designado rey. Por eso, Tisafernes confió en él cuando acusó a Ciro. (4) Lo acusó de que iba a tender una emboscada en el templo y de que, cuando el rey se desvistiera, lo atacaría y liquidaría. (5) Unos dicen que el arresto de Ciro se produjo a resultas de esta acusación, pero otros, que Ciro entró en el templo, se escondió y fue traicionado por el sacerdote. (6) Cuando Ciro iba a morir, su madre, tras estrecharlo en sus brazos, envolverlo con sus rizos y apretar el cuello de él contra el suyo, suplicó, lamentándose mucho y llorando desconsoladamente, e hizo que lo enviaran de nuevo a las provincias marítimas. Pero él no amaba aquel cargo ni se acordaba de su liberación, sino de su arresto y, por enfado, reventaba más que antes de deseo por la realeza.

F18. Plutarco, *Vida de Artajerjes*, 8.2

Consejos de Clearco para Cunaxa

El lugar en el que se colocaron en orden de batalla se llama Cunaxa y dista quinientos estadios de Babilonia. Dicen que Ciro, cuando, antes del enfrentamiento, Clearco le exhortaba a quedarse detrás de los combatientes y a no ponerse en peligro, dijo:

---

de la torre, aunque no como la epifanía de un verdadero dios, según tendieron a imaginar los griegos al Gran Rey, sino más bien como un vicario de dios (H. Sancisi-Weerdenburg, «The Zendan and the Ka'bah», cit., p. 151; P. Briant, «Le roi est mort: vive le roi!», cit., p. 4).

[200] Tisafernes, sátrapa de Caria, acompañado de los magos.

[201] Heródoto nos informa sobre la educación persa, donde nos indica que aquellos enseñaban a sus hijos a montar a caballo, a disparar el arco y a decir la verdad (Hdt. 1.136; cfr. Xen., *Cyr.* 1.6.33), un programa que debe ponerse en relación con la convicción de que el ejercicio físico y la educación moral vertebraba la educación del príncipe ideal. Desde los catorce años, los jóvenes persas estaban a cargo de unos pedagogos reales que los instruían en justicia, prudencia, valor y sabiduría, así como en la ciencia de los magos, el arte de reinar, decir siempre la verdad y no ser esclavo de los placeres. Los príncipes aqueménidas eran, pues, formados como guerreros y como intérpretes de los *signa* u *omina* divinos. (Pl., *Alc.* 1 121e-122a; cfr. Plut., *De Is. et Os.*, 46-47 = *Moralia* 369D-370D; Apul., *Apol.* 25.10-11; 26.3) (A. De Jong, *Traditions of the Magi*, cit., pp. 446-451; M. García Sánchez, *El Gran Rey de Persia*, cit., pp. 156-158).

—¿Qué dices, Clearco? ¿A mí, que la pretendo, me ordenas ser indigno de la realeza?[202]

F19. Plutarco, *Vida de Artajerjes*, 9

Duelo entre Artagerses y Ciro

9. (1) En efecto, los griegos vencían a los bárbaros tanto como querían, los persiguieron y avanzaron muchísimo. Pero contra Ciro –que montaba un caballo noble, pero que no admitía el freno y soberbio, llamado Pasacas, como afirma Ctesias– cargó el comandante de los cadusios, Artagerses[203], gritando fuerte: (2) —¡Tú que has llenado de vergüenza el nombre más bello entre los persas, el de Ciro, el más injusto, el más estúpido de los hombres, tú con los malvados griegos has venido por un mal camino por los bienes persas, esperando acabar con tu propio señor y hermano, que tiene miles y miles de esclavos diez mil veces mejores que tú! Ahora mismo lo comprobarás. Pues perderás aquí tu propia cabeza antes de ver la cara del rey.

(3) Tras decir esto, arrojó una jabalina contra él. La coraza resistió firmemente y Ciro no resultó herido, pero sufrió una sacudida por el fuerte golpe que cayó sobre él. Cuando Artagerses dio la vuelta a su caballo, Ciro le disparó, acertó y le traspasó la lanza a través del cuello al lado de la clavícula. (4) Todos están de acuerdo en que Artagerses casi murió a manos de Ciro. Sobre el final del propio Ciro, puesto que Jenofonte lo explica de forma sencilla y breve porque él no estuvo presente, nada impide, quizá, relatar la versión de Dinón por separado y, a su vez, la de Ctesias.

F20. Plutarco, *Vida de Artajerjes*, 11-13.3 [cfr. T6a, T14b]

Final de Ciro

11. (1) El relato de Ctesias, por resumir acortando mucho, es más o menos el siguiente: después de matar a Artagerses, Ciro

---

[202] Lo habitual era que el Gran Rey observase la batalla y no participase en ella.
[203] Al mando de la caballería del Gran Rey según Jenofonte (*An.* 1.7.11).

dirigió el caballo hacia el propio rey y este, hacia él, ambos en silencio. Arieo, el amigo de Ciro, se adelantó y disparó contra el rey, pero no lo hirió. (2) El rey disparó una lanza, no alcanzó a Ciro, pero sí a Satifernes, un hombre leal a Ciro y noble, y lo mató. Entonces, Ciro arrojó una jabalina contra el rey, lo hirió a través de la coraza en el pecho, con bastante fuerza como para que el arma penetrara dos dedos y él se cayera del caballo. (3) Después de que hubiera fugas y agitación a su alrededor, el rey se levantó y, con unos pocos hombres –entre los cuales estaba también Ctesias–, se apoderó de una colina cercana y se mantuvo allí tranquilo. A Ciro el caballo, por su temperamento, lo llevó lejos, envuelto entre enemigos, y, como ya estaba oscuro, sus enemigos no lo reconocían y sus amigos lo buscaban. (4) Exaltado por la victoria y lleno de empuje y osadía, atravesaba las líneas gritando:

—¡Apartaos, desgraciados!

Mientras él gritaba repetidamente esto en persa, ellos se apartaban postrándose, pero la tiara de Ciro se le cayó de la cabeza[204]. (5) Un joven persa cuyo nombre era Mitridates, pasando a su lado corriendo, le disparó con la jabalina en la sien, junto al ojo, sin saber quién era. Al manar mucha sangre de la herida, Ciro se mareó, quedó aturdido y se cayó. (6) El caballo se escapó y se perdió. Un acompañante del que había disparado a Ciro recogió la cubierta de fieltro del caballo de Ciro, que se había resbalado al suelo llena de sangre. (7) A Ciro, que volvió en sí del golpe con dificultad y a duras penas, unos pocos eunucos que estaban a su lado intentaban colocarlo sobre otro caballo y salvarlo. (8) Como él estaba sin fuerzas y se esforzaba en caminar por sí mismo, lo sostenían y lo iban guiando. En cuanto a su cuerpo, le pesaba la cabeza y vacilaba, pero creía que había vencido porque oía a los que huían invocar a Ciro rey y pedir que les perdonaran la vida. (9) En esto, algunos caunios de mala vida y sin recursos, que seguían al ejército del rey desempeñando tareas humildes, casualmente se mezclaron con el entorno de Ciro como si fueran amigos. En cuanto tomaron conciencia de las túnicas púrpuras sobre las corazas, como todos los partidarios del rey las usaban blancas, supieron que eran enemigos. (10) Uno de los caunios se atrevió a disparar por la espalda a Ciro, sin reconocerlo, con su jabalina. Rota la vena a la altura de la corva, Ciro se golpeó, al caer,

---

[204] Sin duda, un presagio de muerte u *omen mortis*.

contra una piedra en la sien herida y murió. (11) Así es la narración de Ctesias, en la cual él acaba con el protagonista, pero lo hace tras muchas fatigas, como con una daga roma.

12. (1) Cuando él ya estaba muerto, Artasiras, el ojo del rey[205], se lo encontró casualmente, al pasar a caballo a su lado. Tras haber reconocido a los eunucos que estaban gimiendo, preguntó al más leal de ellos:

—¿Quién es este a cuyo lado estás sentado y lloras, Pariscas?

—¿No ves, Artasiras, que es Ciro, que ha muerto? –respondió él.

(2) Sorprendido, Artasiras exhortó al eunuco a hacer acopio de valor y vigilar el cadáver. Él mismo se dirigió a toda prisa hasta Artajerjes, que estaba ya desesperado de la situación y se encontraba mal físicamente por la sed y la herida, y le explicó contento que él mismo había visto a Ciro muerto. (3) El rey al principio sintió impulsos de ir inmediatamente en persona y ordenó a Artasiras que lo condujera al lugar. Pero, puesto que había muchos rumores sobre los griegos y mucho miedo de que los persiguieran y vencieran y se impusieran en todo, resolvió enviar más efectivos para inspeccionar, y fueron enviados treinta hombres con antorchas. (4) Como al rey le faltaba poco para morir de sed, el eunuco Satibarzanes le buscaba algo de beber, corriendo de acá para allá. Pues en ese lugar no había agua y el campamento no estaba cerca. (5) Tras muchas fatigas, se topó con uno de aquellos caunios de mala vida, que tenía ocho cótilas[206] de agua sucia y en mal estado en un odrecillo de mala calidad; después de cogerla y traerla, se la dio al rey. (6) Cuando se la había bebido toda, le preguntó si no le daba demasiado asco la bebida y él juró por los dioses que nunca había bebido un vino tan dulce ni un agua más ligera y pura:

—De modo que, a la persona que te la haya dado, si yo la buscara pero no pudiera recompensarla, ruego a los dioses que la hagan feliz y rica –añadió.

13. (1) En esto, los treinta volvían radiantes y muy contentos, anunciándole su inesperada buena suerte. Ya con la multi-

---

[205] Centinelas del rey.
[206] Taza pequeña y profunda con dos asas, con capacidad = 0,270 l. Ocho cótilas equivaldrían a 2,16 l.

tud de los que corrían de nuevo con él y se colocaban junto a él, hizo acopio de valor y bajó de la colina, iluminado por todos lados por mucha luz. (2) Cuando estuvo junto al cadáver y, según una costumbre persa, le fueron amputadas del cuerpo la mano derecha y la cabeza, ordenó que le trajeran la cabeza. Después de agarrar la cabellera, que era espesa y tupida, la mostró a los que todavía tenían dudas y a los que huían. (3) Estos se sorprendían y se postraban, de modo que rápidamente setecientos mil hombres estuvieron a su alrededor y marcharon otra vez de vuelta al campamento con él.

F21. Jenofonte, *Anábasis* 1.8.26-27 [cfr. T6aβ]

Artajerjes herido por Ciro

(26) (…) Ciro golpeó a Artajerjes en el pecho y lo hirió a través de la coraza, según dice el médico Ctesias y afirma que él mismo curó la herida. (27) (…) Ctesias dice cuántos murieron alrededor del rey, pues él estaba a su lado.

F22. Plutarco, *Vida de Artajerjes*, 13.3-4 [cfr. T6aγ]

Efectivos y recuento de pérdidas en la batalla

13. (3) (…) Había salido, como dice Ctesias, a la batalla con cuatrocientos mil hombres. Los del entorno de Dinón y Jenofonte dicen que las cifras de combatientes fueron mucho mayores. (4) Ctesias afirma que a Artajerjes le dieron cuenta de un número de cadáveres que ascendía a nueve mil, pero que a él le pareció que los cuerpos yacientes no eran menos de veinte mil.

F23. Plutarco, *Vida de Artajerjes*, 13.4-7 [cfr. T7b, T15]

Ctesias y la embajada de Falino

13. (4) (…) Esto es motivo de disputa. (5) Aquello es ya una mentira obvia de Ctesias: afirmar que él mismo había sido enviado a los griegos con Falino de Zacinto y algunos otros. (6) Pues Jenofonte sabía que Ctesias pasaba su tiempo en la corte del rey. Pues se hace mención de él también y es evidente que Jenofonte llegó a consultar sus libros. Si Ctesias hubiese ido y se hubiese convertido en intérprete de conversaciones tan importantes, Jenofonte no lo habría dejado a un lado, anónimo, cuando sí nombraba a Falino de Zacinto. (7) Pero Ctesias –que, según parece, es extrañamente ambicioso y no menos admirador de los lacedemonios y de Clearco– siempre se concede a sí mismo espacios en su relato donde aparece y hace muchas y elogiosas menciones de Clearco y de Lacedemonia.

F24. Demetrio, *Sobre el estilo*, 216 [cfr. T14a]

Parisátide, informada de la muerte de Ciro

Un ejemplo también de esta clase de cosas: No se debe decir directamente lo ocurrido, sino poco a poco, dejando al oyente con el suspense y obligándolo a compartir la angustia. Esto hace Ctesias en el anuncio de la muerte de Ciro. Pues, al llegar, el mensajero no dice directamente a Parisátide que Ciro ha muerto (en efecto, esto es lo que se llama un discurso escita), sino que primero dice que iba ganando y ella se alegra y siente angustia y después pregunta:
—¿Cómo le va al rey?
—Huyó –responde él.
—Tisafernes es responsable de esto ante él –interrumpe ella y, de nuevo, vuelve a preguntar– ¿Dónde está Ciro ahora?
—Donde deben acampar los hombres buenos –contesta el mensajero.
El mensajero suelta las palabras avanzando a trancas y barrancas, poco a poco y con brevedad, desvelando de una forma muy evidente y característica que anuncia la desgracia contra su voluntad y sumiendo tanto a la madre como al oyente en la angustia.

F25. Apsines, *Arte Retórica*, 10.38

Mueve a la compasión un discurso que trate sobre las posesiones del muerto, como Ctesias ha hecho a la madre de Ciro hablar de sus caballos, perros y armas, y a partir de ellas ha suscitado pena.

F26. Plutarco, *Vida de Artajerjes*, 14-17 [cfr. T6b]

Recompensas y castigos por la muerte de Ciro

14. (1) Después de la batalla, el rey envió regalos muy bonitos y grandes al hijo de Artagerses, que cayó a manos de Ciro, y honró con largueza a Ctesias y a los demás. (2) Después de encontrar al caunio aquel que le dio el pequeño odrecillo, de infame y pobre que era lo hizo respetado y rico. (3) También tenía cierta preocupación por hacer justicia con los que habían cometido faltas. A Arbaces, un medo que se había escapado al lado de Ciro en la batalla y que, cuando él cayó, se había cambiado de bando, tras reprocharle su cobardía y debilidad, pero no su traición y malevolencia, ordenó que subiera a una prostituta desnuda a horcajadas sobre su cuello y diera vueltas al mercado durante todo el día. (4) A otro, que además de haberse cambiado de bando había mentido sobre abatir dos enemigos, ordenó que le perforaran la lengua con tres agujas. (5) Como creía y quería que pareciera y que todos dijeran que él mismo había matado a Ciro, el rey envió regalos a Mitridates, el primero que disparó a Ciro, y ordenó a quienes se los dieron que dijeran:

—A ti el rey te honra con estos presentes porque encontraste la cubierta de fieltro para el caballo de Ciro y la recogiste.

(6) Cuando el cario que golpeó en la sien e hizo caer a Ciro le pidió también una recompensa, ordenó a quienes se la dieron decirle:

—A ti el rey te da esto como segundo premio por las buenas noticias, pues el primero Artasiras y, después de él, tú anunciasteis la muerte de Ciro.

(7) Mitridates se marchó en silencio, pese a estar disgustado. Pero, por su estupidez, al desgraciado cario lo invadió un sentimiento algo vulgar. (8) Echado a perder por sus circunstancias actuales –buenas, según parecía– y convencido de reclamar directamente algo por encima de sus posibilidades, no se dignó a aceptar lo que le habían dado como recompensa de buenas noticias, sino que se indignó, dando testimonio y gritando que

ningún otro, sino él mismo, lo había matado y que se le privaba injustamente de la gloria. (9) Al oír esto, el rey se exasperó mucho y ordenó que cortaran la cabeza al sujeto en cuestión. Pero su madre, que estaba presente, dijo:

—No dejes a esta peste de cario, majestad, salir así de bien librado. Recibirá de mí una recompensa digna por las cosas que se ha atrevido a decir.

(10) Después de que el rey se lo encomendara, Parisátide ordenó a los verdugos que cogieran al sujeto en cuestión, lo sometieran a tormento durante diez días y luego, tras arrancarle los ojos, le vertieran en los oídos bronce fundido caliente hasta que muriera.

15. (1) Tuvo mal fin también Mitridates, al cabo de poco tiempo, por su propia estupidez. Invitado a una cena donde estaban presentes los eunucos del rey y de su madre, llegó adornado con un vestido y con oro que había recibido del rey. (2) Cuando llegó el momento de beber, el más influyente de los eunucos de Parisátide le dijo:

—¡Qué bonito vestido este que te dio el rey, Mitridates, y qué bonitos collares y brazaletes! Y este *acinaces*[207] vale mucho dinero. Te ha hecho feliz y famoso entre todos los hombres.

(3) Mitridates, que ya estaba borracho, contestó:

—Y ¿qué importa eso, Esparamices? Pues yo aquel día me hice digno ante el rey de recompensas mayores y más bonitas.

—No siento ninguna envidia, Mitridates, pero, puesto que los griegos afirman que en el vino está la verdad[208], ¿por qué es una hazaña espléndida o grande, amigo, encontrar una cubierta de fieltro para el caballo, que se resbaló, y recogerla? –dijo Esparamices, sonriendo.

(5) Dijo esto, no porque ignorara la verdad, sino que, como quería descubrirla ante los presentes, incitaba sutilmente la vanidad del individuo en cuestión, a quien el vino había vuelto parlanchín e incapaz de controlarse. (6) Y Mitridates replicó sin contenerse:

—Vosotros hablad lo que queráis de cubiertas de fieltro y tonterías, pero yo os digo claramente que esta mano acabó con

---

[207] Espada persa.
[208] Desde Alceo de Mitilene (333 Lobel-Page), para los griegos el vino es el espejo del alma.

Ciro. Pues no le lancé un tiro de jabalina vacío y vano, como Artagerses, sino que marré por poco el ojo y, alcanzándole en la sien y traspasándosela, hice caer del caballo al hombre y murió por esa herida.

(7) Los demás, que ya veían el fin de Mitridates y su mala suerte, inclinaban la cabeza hacia el suelo, pero el anfitrión les dijo:

—Amigo Mitridates, por el momento bebamos y comamos, postrándonos ante el genio del rey[209] y dejemos a un lado los temas más importantes de lo que nos corresponde.

16. (1) Después, el eunuco explicó la historia a Parisátide y ella, al rey. El rey se indignó como si le hubiesen contradicho y como si hubiera perdido lo más bonito y dulce de la victoria. (2) Pues quería persuadir a todos los bárbaros y griegos de que, dando y recibiendo golpes en los asaltos y enganchones, también él mismo había resultado herido y de que había matado a Ciro. Ordenó matar a Mitridates sometiéndolo al suplicio de las artesas. (3) Ser sometido al suplicio de las artesas consiste en lo siguiente: cogen dos artesas hechas para encajar una con otra, depositan en una de ellas al torturado boca arriba; (4) a continuación, colocan la otra encima y la ajustan de modo que la cabeza, los brazos y las piernas estén atrapados fuera y todo el resto del cuerpo quede oculto dentro, dan de comer a la persona en cuestión y, si no quiere, la obligan pinchándole los ojos. Cuando ha comido, le echan para beber una mezcla de miel y leche en la boca y se la echan también por la cara. (5) Le van girando siempre para que le dé el sol en los ojos y toda la cara le queda oculta por toda una multitud de moscas posadas. (6) Al hacer dentro lo que tienen que hacer personas que comen y beben, bajo la corrupción y la putrefacción de los excrementos bullen gusanos y lombrices, consumen el cuerpo y se introducen en el interior. (7) Cuando ya es evidente que la persona en cuestión está muerta, después de retirar la artesa de arriba ven la carne completamente devorada y enjambres de esta clase de bichos, que comen y proliferan alrededor de las vísceras. Así, a

---

[209] Se ha querido ver en la figura del disco alado que aparece en el arte aqueménida, de origen egipcio y común a muchos pueblos del Próximo Oriente, una representación de Ahura Mazda, del espíritu, δαίμων o *fravaši* del Gran Rey.

duras penas, murió Mitridates, después de haberse estado descomponiendo diecisiete días.

17. (1) Parisátide tenía como objetivo pendiente al hombre que le cortó la cabeza y la mano a Ciro, Masabates, un eunuco del rey. (2) Puesto que él no traicionaba ningún punto flaco sobre sí mismo, Parisátide tramó un enredo de la siguiente manera. (3) Era una mujer con inteligencia natural en los demás aspectos y terriblemente buena jugando a los dados. Por eso también jugaba con el rey muchas veces antes de la guerra. (4) Después de la guerra, tras reconciliarse con él, no rehuía las relaciones amistosas, sino que además jugaba con él y se unía con él en sus aventuras amorosas, ayudándolo y estando presente y, fundamentalmente, le dejaba el tiempo mínimo para tener contacto y acostarse con Estatira, porque la odiaba más que a todos y porque quería tener ella misma la máxima influencia sobre el rey. (5) Cogió un día a Artajerjes que, sin nada que hacer, se disponía a ir por ahí sin rumbo fijo y lo invitó a jugar a los dados por mil dáricos. Mientras jugaba le permitió ganar y le dio el oro que le debía. Fingiendo molestarse y que le gustaba ganar, lo invitó a jugar otra vez desde el principio por un eunuco y el rey le hizo caso. (6) Tras hacer el pacto de que cada uno exceptuaría a los cinco eunucos más leales, pero que el perdedor entregaría a aquel de los restantes que eligiera el ganador, con estas reglas se pusieron a jugar. (7) Después de echarse totalmente a ello y de empeñarse en el juego, como de alguna manera los dados caían a su favor, ganó y cogió a Masabates, pues no estaba entre los exceptuados. Antes de que el rey tuviera alguna sospecha del asunto, lo puso en manos de los verdugos y ordenó que lo desollaran vivo, que ensartaran el cuerpo de costado en tres palos y que extendieran aparte la piel sujeta con clavos. (8) Después de que, al suceder esto, el rey se lo tomara a mal y se exasperara contra ella, Parisátide decía, disimulando y riendo:

—¡Qué dulce y qué cándido eres, si te pones de mal genio por un viejo eunuco, pero yo, que he perdido mil dáricos a los dados, me callo y me aguanto!

(9) Y el rey, aun arrepintiéndose de haberse dejado engañar con esto, mantuvo la calma, pero Estatira se opuso manifiestamente y se irritó, además de por otras cosas, también porque Parisátide había aniquilado, a causa de Ciro, a hombres con buena voluntad y leales al rey de manera cruel e ilegal.

F27. Focio, *Biblioteca*, p. 44a20-b19 (§ 68-71) [cfr. T7a]

Captura y final de los generales griegos

(68) En los libros vigesimoprimero, vigesimosegundo y vigesimotercero, que es el final de toda la historia, los contenidos son estos: cómo Tisafernes conspiró contra los griegos y, compinchándose con Menón de Tesalia, por intermediación suya, prendió a Clearco y a los otros generales con engaño y juramentos, pese a que Clearco lo había previsto y había tratado de hacer fracasar la conspiración. Pero el grueso de los griegos, engañado por Menón, obligó a Clearco a presentarse contra su voluntad ante Tisafernes y Próxeno de Beocia, él mismo ya capturado previamente, víctima de un engaño, aconsejaba lo mismo[210]. (69) Cómo envió a Clearco y los otros con cadenas a presencia de Artajerjes, a Babilonia, y cómo todos acudieron para ver a Clearco; cómo el propio Ctesias, que era el médico de Parisátide, hizo, gracias a ella, muchas cosas para la comodidad y el cuidado de Clearco, cuando estaba en la cárcel. Parisátide le habría quitado los grilletes y soltado, si Estatira no hubiera persuadido a su marido Artajerjes de que este Clearco fuera ejecutado. Clearco fue ejecutado y se produjo un prodigio con su cuerpo: la tierra se amontonó espontáneamente sobre él, porque soplaba un viento fortísimo, levantando un túmulo a gran altura. También fueron ejecutados los griegos que habían sido enviados con él, excepto Menón.

Envenenamiento de Estatira

(70) Insultos de Parisátide a Estatira y ejecución con veneno administrado de este modo (pues Estatira vigilaba mucho que no le pasara lo que le pasó). Se untó uno de los lados de un cuchillo con veneno, pero el otro no tenía. Con este cuchillo se cortó un pajarillo pequeño, de tamaño parecido a un huevo (los persas llaman *rindaces* al pajarillo). Se cortó en dos trozos: la mitad que estaba limpia de tóxico, la cogió y se la comió la propia Parisátide, la mitad que había estado en contacto con el ve-

---

[210] Con un ligero cambio de puntuación, la actuación de Próxeno cambia: "…él mismo, ya capturado previamente, aconsejaba lo mismo con engaño".

neno se la ofreció a Estatira. Ella, cuando vio comiendo a quien le había dado la mitad, sin poder sospechar nada, también consumió el veneno mortal. A causa de lo cual, enfado del rey contra su madre, arresto, tortura y ejecución de sus eunucos. Además, arresto de la criada Ginge, que vivía con Parisátide, juicio contra ella, absolución por parte de los jueces, pero condena por parte del rey, tortura y ejecución de Ginge. A causa de lo cual, enfado de Parisátide contra su hijo y de él contra su madre.

Tumba de Clearco

(71) Y el túmulo de Clearco, durante ocho años, apareció lleno de palmeras que Parisátide había plantado a escondidas, por medio de sus eunucos, por la época en la que él murió.

F28. Plutarco, *Vida de Artajerjes*, 18 [cfr. T7aβ, T15b]

Captura y final de los generales griegos

18. (1) Cuando Tisafernes engañó a Clearco y a los otros generales y violó la tregua después de que hubieran prestado juramento, los apresó y los envió atados con cadenas, Ctesias afirma que Clearco le pidió que le agenciara un peine[211]. (2) Clearco, tras conseguirlo y ocuparse de su cabeza, estaba contento con el servicio prestado y le dio un anillo como prenda de amistad para sus parientes y allegados en Lacedemonia. En el sello había un relieve de unas cariátides bailando. (3) Los soldados encadenados con él le quitaron los alimentos enviados a Clearco y los consumieron, después de darle unos pocos de ellos a él. Ctesias dice que remedió esto, logrando que le fueran enviados más a Clearco y que se dieran otros, por separado, a los soldados. Procuró y suministró este servicio por el agradecimiento y el deseo de Parisátide. (4) Como se le enviaba cada día un jamón como alimento, le invitó y le enseñó que era necesario enviarle un pequeño cuchillito, después de meterlo en la carne para esconderlo, y no permitir que su fin estuviera al albur de la crueldad del rey. Pero el mismo Ctesias tenía miedo y

---

[211] Como espartano, debe peinarse antes de la muerte.

no quería. (5) El rey estuvo de acuerdo y juró a su madre, que se lo había pedido, no matar a Clearco. Pero, persuadido de nuevo por Estatira, los mató a todos, excepto a Menón. (6) Después, Parisátide conspiró contra Estatira y le administró el veneno, pero Ctesias dice cosas inverosímiles, ya que este motivo tiene muy poca lógica: que Parisátide cometiera un hecho tan terrible y se arriesgara por Clearco, atreviéndose a acabar con la esposa legítima del rey y madre con el rey de los hijos que eran criados para la realeza. (7) Pero no hay duda de que estas cosas añaden un toque trágico al recuerdo de Clearco. En efecto, Ctesias dice también que los demás generales ejecutados fueron despedazados por perros y pájaros, pero que un vendaval de viento que levantó un gran montón de tierra cubrió y ocultó el cuerpo de Clearco. (8) Después de que fueran sembradas por ahí unas palmeras, en poco tiempo creció un maravilloso bosquecillo y daba sombra al lugar, de modo que el rey se arrepintió mucho de haber acabado con Clearco, un hombre querido por los dioses.

F29a. Plutarco, *Vida de Artajerjes*, 6.9 [cfr. T11e]

Envenenamiento de Estatira

Si Dinón afirma que la conspiración fue llevada a término en la guerra, Ctesias dice que fue posteriormente. No es verosímil que Ctesias, que había estado presente en estas actividades, ignorase la fecha ni tampoco que tuviera un motivo para alterar en su narración la cronología del hecho –cosa de la que repetidamente se resiente su relato, que se desvía de la verdad hacia lo legendario y lo dramático–, pero este hecho ha de tener el lugar que él le ha dado.

F29b. Plutarco, *Vida de Artajerjes*, 19

19. (1) Parisátide, como el odio y los celos a Estatira estaban latentes en ella desde el principio y veía la influencia que ella misma tenía sobre rey, que la respetaba y honraba, y que la que tenía Estatira, derivada del amor y la confianza, era sólida y fuerte, conspiró, exponiéndose, según creía, al máximo. (2) Tenía una criada leal y con la máxima influencia sobre ella, cuyo nombre era Gigis, de la que Dinón afirma que colaboró en el envenenamiento. Pero Ctesias dice que solo lo sabía involuntariamente. Él llama al que administró el veneno Belitaras y Dinón, Melantas. (3) Después de las sospechas y diferencias previas, comenzaron a frecuentar otra vez los mismos lugares y a cenar juntas. Sin embargo, como recelaban y estaban vigilantes, consumían los mismos alimentos y de los mismos platos. (4) Hay en Persia un pequeño pajarillo que no tiene desperdicio, sino que todo su interior está completamente lleno de grasa, a causa de la cual creen que el animal se alimenta de viento y rocío, y se llama *rindaces*. (5) Ctesias dice que Parisátide lo cortó con un pequeño cuchillito untado con veneno por uno de los dos lados, limpió a fondo el veneno del otro lado y ella misma comió, llevándose a la boca el trozo incontaminado y limpio, y dio a Estatira el envenenado. (6) Por su parte, Dinón afirma que no fue Parisátide, sino Melantas, quien cortó con el cuchillito y le sirvió a Estatira la carne envenenada. (7) Mientras la mujer moría entre fuertes dolores y espasmos, ella misma se dio cuenta del mal e infundió sospechas contra su madre en el rey, que conocía su parte feroz e implacable. (8) Por tanto, tras lanzarse a la búsqueda de los servidores y compañeros de mesa de su madre, los apresó y sometió a tormento. Durante mucho tiempo Parisátide estuvo teniendo en casa con ella a Gigis y, a pesar de que el rey se la pedía, no la entregaba. Pero posteriormente, como ella misma suplicó que le dejaran ir a su casa por la noche, el rey se dio cuenta, le tendió en secreto una trampa, la raptó y la condenó a muerte. (9) En Persia, los envenenadores mueren según la ley así: hay una piedra ancha, sobre la cual es colocada la cabeza, que golpean y presionan con otra piedra, hasta que aplastan la cara y la cabeza a la vez. (10) Así murió Gigis, pero Artajerjes ni le dijo ni le hizo a Parisátide ningún otro daño, sino que la envió a Babilonia, con su consentimiento, después de decirle que, mientras ella siguiera con vida, él no volvería a ver Babilonia. Así estaban las cosas respecto a la casa del rey.

F29c*. Hesiquio de Alejandría, *Léxico*, s.v. *rindace* [L]

Rindace: pajarillo del tamaño de una paloma.

F30. Focio, *Biblioteca*, p. 44b20-42 (§ 72-75) [cfr. T7c]

Negociaciones entre Evágoras y el rey

(72) Razones por las que el rey Evágoras de Salamina[212] tuvo diferencias con el rey. Mensajeros de Evágoras a Ctesias para recuperar las cartas de parte de Abulites y carta de Ctesias a este mismo Evágoras sobre su reconciliación con el rey Anaxágoras de Chipre[213]. Llegada a Chipre de los mensajeros de parte de Evágoras y entrega a Evágoras de la carta de parte de Ctesias. (73) Discurso de Conón a Evágoras para que este subiera a presencia del rey y carta de Evágoras sobre sus demandas, carta de Conón a Ctesias[214], impuesto para el rey de parte de Evágoras y entrega de las cartas a Ctesias. Discurso de Ctesias ante el rey sobre Conón y carta para él. Entrega de los regalos de parte de Evágoras a Satibarzanes[215] y llegada de los mensajeros a Chipre. Carta de Conón al rey y Ctesias. (74) Cómo fueron vigilados los mensajeros que habían sido enviados al rey de parte de los lacedemonios. Carta del rey a Conón y los lacedemonios, que el propio Ctesias transportó. Cómo Conón se convirtió en comandante de la flota por obra de Farnabaces.

Llegada de Ctesias a Cnido

(75) Llegada de Ctesias a Cnido, su patria, y a Lacedemonia, juicio sobre los mensajeros lacedemonios en Rodas y absolución.

F31. Ateneo de Náucratis, *Banquete de los eruditos*, 1.40 p. 22c

Zenón el bailarín

Bailarines famosos: (…) Zenón de Creta, que era el absolutamente preferido de Artajerjes, según Ctesias.

---

[212] A Evágoras, rey antipersa de Chipre y campeón también del helenismo, le dedicó un discurso Isócrates.
[213] Personaje desconocido.
[214] Conón de Atenas habría buscado el apoyo persa para reducir el poder espartano.
[215] Eunuco fiel de Artajerjes II.

F32. Plutarco, *Vida de Artajerjes*, 21.1-4 [cfr. T7d]

Negociaciones entre Conón y el rey

21. (1) El rey echó a los lacedemonios del mar, empleando a Conón de Atenas junto con el general Farnabaces[216]. Conón pasaba el tiempo en Chipre después de la batalla naval de Egospótamos[217], pero no porque amase la seguridad, sino porque aguardaba el vuelco de la situación, como un cambio de viento en el mar. (2) Haciendo sus propios cálculos, que él necesitaba tropas y que las tropas del rey necesitaban un hombre sensato, le envió una carta al rey sobre lo que planeaba. (3) Al que la transportaba le ordenó dársela preferentemente a través de Zenón de Creta o de Polícrito de Mende (de estos, uno era Zenón el bailarín y otro, Polícrito el médico); y, si estos no estaban presentes, a través de Ctesias el médico. (4) Se dice que Ctesias recibió la carta, escribió, en los márgenes de lo que había sido enviado por Conón, que el rey le enviara también a Ctesias, porque sería útil en las actividades marítimas. Pero Ctesias dice que el propio rey le encargó este servicio a él.

F33. Focio, *Biblioteca*, p. 45a1-4 (§ 76)

Cronología

(76) Desde Éfeso hasta Bactria e India, el número de estaciones, días, parasangas. Lista de reyes desde Nino y Semíramis hasta Artajerjes, con los cuales se termina la obra.

F33a. *Escolios del Panatenaico* de Elio Arístides, pp. 310-311 Dindorf

Hay recuerdo de cinco imperios (…), el primero era el de los asirios, que duró mil cuatrocientos cincuenta y un años, desde Nino, el primero, hasta Sardanápalo, el último que reinó. El segundo, el de los medos, desde el primero, Arbaces, hasta el último que reinó, Astiages, duró cuatrocientos setenta años (pero Heródoto habla de ciento veintiocho). El tercero, el de

---

[216] Batalla de Cnido (394 a.C.).
[217] 405 a.C.

los persas, que duró doscientos quince años desde Ciro, el hijo de Cambises, hasta Artajerjes, el hijo de Darío. Ctesias escribe el período hasta este rey, en cuyo reinado también se sitúa el libro vigesimotercero de las *Historias de Persia*.

F33b. Diodoro de Sicilia, *Biblioteca Histórica*, 14.46.6 [L] [cfr. T9]

El historiador Ctesias abarcó la historia de los persas hasta este año, tras comenzar con Nino y Semíramis.

F34a. Claudio Eliano, *Historia de los animales*, 7.1

Vacas de Susa

Averigüé que las vacas, las de Susa, no están desprovistas de conocimientos aritméticos. Y que lo dicho no es simplemente una fanfarronada lo atestigua la historia que dice: en Susa, muchas vacas le sacan al rey en sus paraísos cien cubos de agua cada una para las zonas peor regadas. Cumplen de muy buena gana el trabajo, ya sea destinado para ellas o inculcado desde hace mucho, y no podrías contemplar a ninguna remoloneando. Si insistieras en que sacaran un solo cubo más allá del mencionado centenar, no podrías persuadirlas ni obligarlas, ni golpeándolas ni halagándolas. Lo dice Ctesias.

F34b. Plutarco, *Sobre la astucia de los animales*, 21 p. 974de

Estas cosas, menos sorprendentes, aunque son extrañas, las hacen los animales que tienen comprensión del número y capacidad de contar, como tienen las vacas en los alrededores de Susa. Allí, hay vacas que riegan el paraíso real con una noria hidráulica, cuya cantidad de cubos está limitada. Pues cada vaca saca cien cubos al día. No es posible ni coger más ni, aun queriendo, obligarlas, sino que, aunque muchas veces se han añadido más cubos para probar, la vaca se resiste y no sigue más adelante, después de entregar lo ordenado. Con tanta exactitud cuenta y se acuerda del total de la suma, según ha escrito Ctesias de Cnido en sus historias.

F35. Claudio Eliano, *Historia de los animales,* 16.42

Serpientes del río Argades

Ctesias de Cnido dice que en los alrededores de Sitace[218], en Persia, hay un río cuyo nombre es Argades[219], que en él hay muchas serpientes, con el cuerpo negro, excepto la cabeza, que tienen toda blanca. Tales serpientes llegan al tamaño de una braza y quienes sufren su mordedura mueren. Durante el día no se ven, nadan bajo el agua, pero por la noche aniquilan a los que van por agua o a lavar la ropa. A muchos les pasó esto por necesidad, porque se les había agotado el agua, o porque estaban ocupados durante el día y no habían podido lavar la ropa.

F36. Antígono de Caristo, *Colección de historias maravillosas,* 15 [cfr. T11c]

Cuervos de Ecbatana

Ctesias escribe en sus historias que algo parecido a esto sucede en Ecbatana y en Persia. Pero, como él miente mucho, dejemos a un lado este pasaje. En efecto, parecía también lleno de portentos.

F37. Ateneo de Náucratis, *Banquete de los eruditos,* 2.23 p. 45ab

Agua del Coaspes

El rey de Persia, según dice Heródoto en el libro primero: «lleva consigo para beber agua del Coaspes[220], que fluye cerca de Susa y es la única de la que bebe el rey. Una vez depurada esta clase de agua, muchísimos carros de cuatro ruedas tirados por mulos, que la transportaban en recipientes de plata, seguían

---

[218] De hecho, en la orilla izquierda del Tigris.
[219] Río no identificado.
[220] Única agua de la que bebían los reyes aqueménidas, como era costumbre del mismísimo Ciro (Hdt. 1.188.1-2). El Coaspes, hoy Kāšrūd, Rūd-e Kospās, Kerkhah o Kerhah, junto a Susa, aparece a menudo en las fuentes clásicas (M. Garcia Sánchez, *El Gran Rey de Persia,* cit., pp. 344-348).

al rey». Ctesias de Cnido también escribe en sus historias cómo le seguía esta agua real y cómo, tras envasarla en los recipientes, era llevada al rey, y dice que era la más ligera y dulce.

F38. Ateneo de Náucratis, *Banquete de los eruditos*, 2.74 p. 67a

Aceite

Ctesias dice que en Carmania hay un aceite de acacia, que consume el rey.

F39. Ateneo de Náucratis, *Banquete de los eruditos*, 4.27, p. 146c

Cenas del rey

El rey de Persia, según dicen Ctesias y Dinón en sus respectivas *Historias de Persia,* cenaba con quince mil hombres y se gastaba para la cena cuatrocientos talentos.

F40. Ateneo de Náucratis, *Banquete de los eruditos*, 11.11, p. 464a

Vasos de barro en la mesa del rey

Hemos de rechazar vasos de arcilla. Pues Ctesias de Cnido dice: «Entre los persas, aquel a quien el rey ha deshonrado usa vasos de arcilla».

F41. Hesiquio de Alejandría, *Léxico*, s.v. *sarapis*

Dolor de una mujer

Sarapis: túnica persa con una franja blanca en medio[221], según Ctesias: «con el *sarapis* desgarrado y el pelo suelto, ella se lo arrancaba y profería un grito».

---

[221] Según Jenofonte (*Cyr.* 8.3.13), una característica de los vestidos de Ciro.

F42. Esteban de Bizancio, *Léxico étnico*, s.v. *Acbatana*

Ecbatana

Acbatana: Demetrio afirma que hay dos Acbatanas, una en Media y otra en Siria. Ctesias escribe en todas partes de sus *Historias de Persia* la Acbatana de Media con a, pero en la antigüedad, la de Persia se escribía con e, como se demostrará.

F43. Esteban de Bizancio, *Léxico étnico*, s.v. Derbices

Derbices

Derbices *(derbikkai):* pueblo vecino de los hircanios. Apolonio lo escribe bien con dos k, pero Ctesias los llama derbisos o terbisos.

F44a. Tertuliano, *A los gentiles*, 1.16

Incesto

Ciertamente, los persas, cuenta Ctesias, a sabiendas y sin horrorizarse, lo hacen libremente con sus madres[222].

F44b. Tertuliano, *Apologético*, 9

Ctesias relata que los persas se acostaban con sus propias madres[223].

---

[222] Traducción del latín. Son habituales en las fuentes clásicas las referencias al incesto entre los persas (Cl. Herrenschmidt, «Notes sur la parenté chez les perses au debut de l'empire achéménide», en H. Sancisi-Weerdenburg y A. Kuhrt [eds.], *Achaemenid History, II, The Greek Sources. Proceedings of the Groningen 1984 Achaemenid History Workshop,* Leiden, 1987, pp. 53-67; M. García Sánchez, *El Gran Rey de Persia,* cit., pp. 194-197).

[223] Traducción del latín.

Índices de nombres

Autores de que proceden
los fragmentos de Ctesias

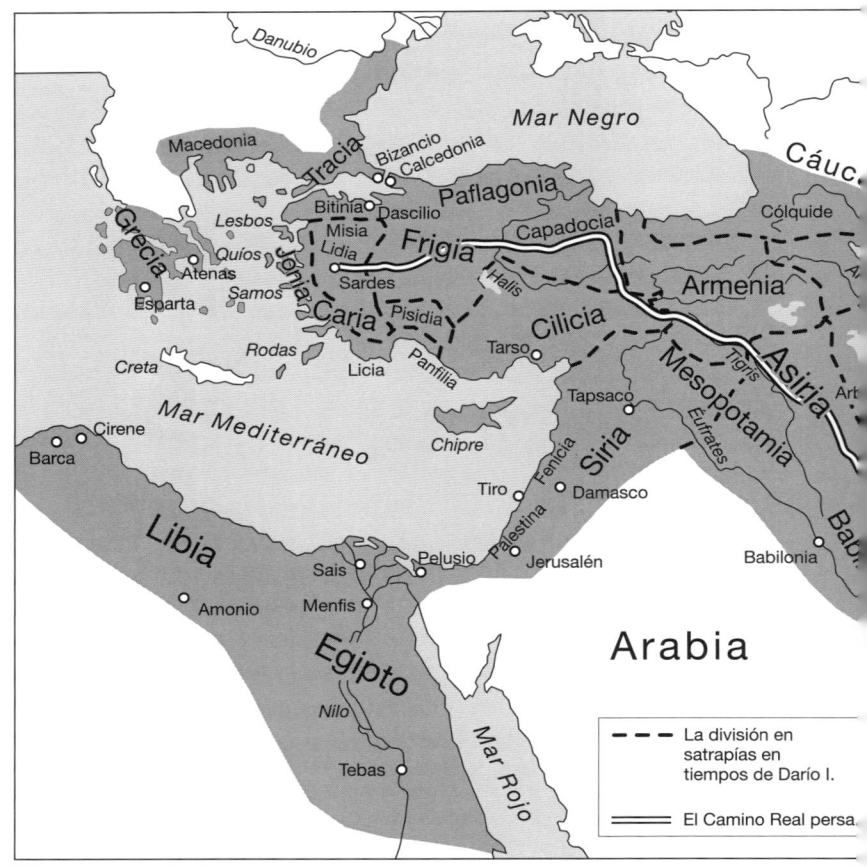

El Imperio aqueménida (*ca.* 500 a.C.).

Fuente: Adaptado a partir de *The Historical Atlas* de William R. Shepherd (1923) por Rowanwindwhistler, editor de Wikipedia (bajo licencia Creative Commons Attribution-Share Alike 4.0 International).

Mar Caspio

Jaxartes

Masagetas

Escitas

Corasmios

Cirópolis ⊙

Sogdiana

Escitas

Oxus

aspios

Derbicanos

Margiana

Bactra ⊙

Cadusios

Ochus

Bactria

Gandara

Amardos

Hircania

Partia

Aria

Ecbatana ⊙

Media

Satagidios

Bagistana

Drangiana

Aracosia

Susa ⊙

Uxos

Sargatos

Pactos

Susiana

Persépolis ⊙

Carmanios

Paricanios

Persia ⊙

Pasargada

Utianos

Gedrosia

Golfo Pérsico

Mar Arábigo

Indo

LA DINASTÍA AQUEMÉNIDA

Reyes de Anšan   Rey medo   **Aquemenidas**

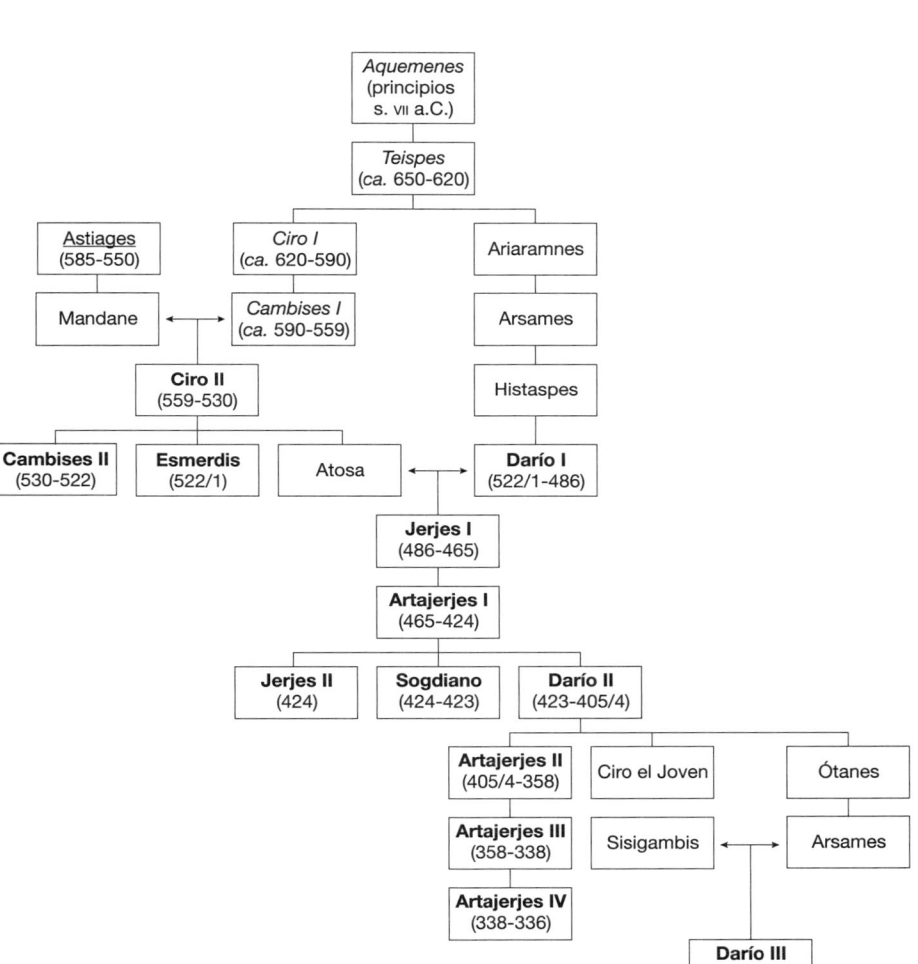

Cronología fundamental

850 a.C.   Los medos, mencionados por primera vez en las inscripciones neoasirias. Los persas aparecen en la meseta irania
811-805   Semíramis, reina de Asiria
750-650   Los medos se instalan en el Zagros
612   Caída de Nínive y final del Imperio asirio
559   Ciro II, rey de Anšan
550   Ciro II derrota a los medos
547/6   Ciro conquista Lidia
539   Ciro conquista Babilonia
530   Muerte de Ciro luchando contra los masagetas. Inhumación en Pasargada
530   Ascensión al trono de Cambises II
525   Cambises conquista Egipto
522/1   Ascensión al trono de Esmerdis/Bardiya. Asesinato de Esmerdis/Bardiya por Darío y los seis nobles persas
522/1   Ascensión al trono de Darío I
512   Campaña de Darío contras los escitas
499-494   Revuelta jonia
490   Primera Guerra Médica: batalla de Maratón
486   Revuelta en Egipto y muerte de Darío I
486   Jerjes es coronado rey
481   Revuelta en Babilonia
480   Segunda Guerra Médica: invasión persa de Grecia y batalla de Salamina
479   Derrota persa en Platea
465   Asesinato de Jerjes

465   Artajerjes I rey
464-454   Revueltas de Inaro en Egipto
451   Nacimiento de Ctesias de Cnido
449   Paz de Calias entre persas y atenienses
458-445   Esdras y Nehemías, mediadores de Artajerjes I en Ju-
           dea
424   Muerte de Artajerjes I
424   Reino y asesinato de Jerjes II
424-423   Reino y asesinato de Sogdiano
423   Coronación de Darío II
405/4   Muerte de Darío II. Ctesias de Cnido, médico en la
           corte persa
405/4   Artajerjes II es coronado rey
401   Batalla de Cunaxa: muerte de Ciro el Joven
401/400   Pérdida de Egipto
398   Ctesias de Cnido, embajador del Gran Rey en Chipre;
           liberación y final de su estancia en Persia
394   Batalla de Cnido. Final de las *Historias de Persia*
387/386   Paz del Rey o de Antálcidas entre griegos y persas
358   Muerte de Artajerjes II
358   Artajerjes III rey
343/2   Reconquista de Egipto
338   Muerte de Artajerjes III
338   Artajerjes IV rey
336   Muerte de Artajerjes IV y ascenso al trono de Darío III
334   Batalla de Gránico
333   Batalla de Isos
331   Batalla de Gaugamela
330   Asesinato Darío III y fin de la dinastía aqueménida
330-323   Alejandro reina en el antiguo Imperio aqueménida